LE VRAI CAGLIOSTRO,

OU

LE RÉGULATEUR

DES ACTIONNAIRES

De la Loterie Nationale de France, *et autres Loteries composées de 90 numéros*;

AUGMENTÉ

De nouvelles Cabales faites par Cagliostro pour les tirages de Bruxelles et de Paris.

PAR CES NOUVELLES CABALES,

On voit les numéros qu'il faut jouer soit à Bruxelles, soit à Paris, et ceux qu'il faut rejetter pour les tirages de Paris et adopter pour ceux de Bruxelles, et rejetter pour Bruxelles et adopter pour Paris; les Cabales, qui sont bonnes à jouer soit à Lyon et tous autres tirages, mêmes étrangers, sont également désignées.

> *Nota. Les Editeurs, qui sont les mêmes que ceux des précédentes éditions qui sont sorties de nos presses, ont gardé sous silence jusqu'à ce jour ces nouvelles Cabales de Cagliostro, attendu que la Loterie de Bruxelles n'existait plus, et que son rétablissement en France les a mis à portée de transmettre au Public.*

A cette nouvelle Edition les Editeurs ont ajouté des réflexions à chaque Cabale ou Jeu; et d'après l'examen qu'ils ont fait des résultats de ces Cabales, soit sur les tirages de Paris et sur ceux de Bruxelles, on peut voir facilement l'application avantageuse que l'on peut faire des 90 numéros cabalés par Cagliostro sur les tirages de Bruxelles et sur ceux de Paris, et par suite à toutes les Loteries qui existent en France et même chez l'étranger. Quoique cet ouvrage soit considérable, il est cependant à la portée de tous les Actionnaires, par la précision des comparaisons que l'on fait des Tableaux Cabalistiques des tirages de Paris avec ceux de Bruxelles.

A PARIS, chez N. Renaudière, Imprimeur, rue des Prouvaires, n°. 564, près celle du Contrat-Social.

Et chez les Receveurs de la Loterie Nationale.

An IX.

D'après les Calculs indubitables et Combinaisons savantes, trouvés dans les papiers de CAGLIOSTRO et d'autres célèbres Cabalistes, les Actionnaires peuvent se procurer au moins 75 à 100 pour 100 de leurs capitaux; les Actionnaires ont encore un plus grand avantage depuis la création d'un tirage de plus par mois à Paris, puisque leurs fonds, en martingalant, leur rapporte un tiers de plus par année.

On y a joint tout ce qui peut être utile aux Actionnaires, et leur servir d'instruction, tant pour connaître les différentes combinaisons dont la Loterie Nationale de France est composée, que pour les mettre à portée de jouer avantageusement; ainsi que la Liste générale des Rêves et des Numéros correspondans aux choses rêvées; augmenté de nouveaux Rêves de CAGLIOSTRO, et de l'explication qu'il leur donne.

La Table des matières est à la fin de l'ouvrage.

EXTRAIT DES LOIS ET ARRÊTÉS

Portant rétablissement de la Loterie Nation. de France.

Du 9 Vendémiaire, an 6.

I. LA ci-devant Loterie Nationale de France est rétablie sur les bâses et combinaisons qu'elle avait à l'époque
de sa suspension.

II. Tout établissement de Loterie particulière ou
étrangère est prohibé.

III. Les individus qui se permettront de recevoir pour
les Loteries étrangères, seront condamnés, pour la
première fois, à une amende de 3000 francs, et la
seconde, outre l'amende, en six mois de détention.

IV. Les Receveurs de la Loterie Nationale qui seront
convaincus d'avoir joué ou reçu pour les Loteries étrangères, et d'avoir joué pour leur propre compte, ou pour
celui des particuliers, seront condamnés en l'amende de
6000 francs et destitués de fonctions.

*Extrait des arrêtés du Directoire - exécutif portant
organisation de la Loterie Nationale.*

Du 17 vendémiaire an VI de la République.

La Loterie Nationale de la République Française sera
confiée à la surveillance de trois Administrateurs.

La Loterie est composée de 90 nombres.

Chaque actionnaire sera libre de choisir tel numéro et
telle quantité de numéros qu'il lui plaira pour former sa
mise ; il aura également la liberté de prendre intérêt sur
une ou plusieurs chances à-la-fois, et d'y placer, soit
dans un seul et même billet, soit dans une plus grande
quantité, telle somme qu'il lui plaira, pourvu qu'elle
ne soit pas au-dessous de 50 centimes ou 10 sous.

Les chances de la Loterie sont partagées en deux
classes, savoir, celle des chances simples, qui comprend
l'extrait, l'ambe, le terne, le quaterne et le quine ; et
celle des chances déterminées, qui renferme l'extrait et
l'ambe déterminés.

L'extrait simple sera payé 15 fois la mise ; — l'ambe

simple , 270 fois ; — le terne, 5,500 fois ; — le quaterne , 75,000 fois ; — le quine , 1,000,000 fois ; — l'extrait déterminé , 70 fois ; — l'ambe déterminé , 5,100 fois.

Il sera délivré à l'actionnaire , au moment de sa mise, une reconnaissance qui lui servira de billet définitif ; elle sera détachée , en présence de l'actionnaire , du registre à souche délivré par l'Administration ; et , sur la représentation de ce billet , les lots gagnans seront payés , soit chez le receveur où la mise aura été faite , soit à la caise générale.

Les actionnaires auront le plus grand soin de s'assurer de l'exactitude de leur mise avec le registre ; et dans le cas de différence entre le registre et le billet , l'actionnaire ne pourra prétendre qu'au remboursement de sa mise , bien entendu toutefois que le billet n'aura été ni contrefait , ni falsifié , ou les numéros surchargés.

Ce remboursement aura lieu des deniers du Receveur.

Tous porteurs de billets gagnans seront tenus , pour être payés , de les présenter dans les six mois du jour du tirage , passé lequel tems , lesdits billets seront et demeureront nuls.

Tous billets présentés pour payement de lots, devront être garnis de leurs souches : les actionnaires ne pourront prétendre au payement du lot , si cette partie du billet avait été altérée ou détruite.

Le tirage sera fait publiquement , le 16 et le premier de chaque mois , en présence et sous les ordres du Ministre de la Police et des Administrateurs de la Loterie.

Il n'y sera procédé qu'après avoir mis sous le scellé tous les registres des receveurs , lesquels en seront retirés après le tirage fini.

Les Inspecteurs seront tenus de faire leurs tournées chez les Receveurs de l'arrondissement qui leur sera désigné ; d'examiner , vérifier leur travail , arrêter leurs registres , et constater la situation de leur caisse.

Les Receveurs ne pourront exercer aucune fonction

sans au préalable avoir versé dans la caisse générale un cautionnement en deniers, fixé pour leur gestion.

Les sommes versées par suite de l'article précédent, ne porteront point intérêt au Receveur ni au bailleur de fonds; mais les Receveurs s'en rembourseront par leurs mains au moyen d'une retenue sur leurs recettes de chaque quinzaine, à raison de cinq pour cent sur la somme brûle.

Aussitôt que les Receveurs autont prélevé, par la retenue ordonnée, le quart de leurs mises de fonds dehors, ils seront tenus de présenter dans le mois, à l'Administration, un cautionnement en immeubles.

Les Receveurs ne pourront faire la recette que sur des registres à eux confiés par l'Administration.

Tout Receveur sera tenu, sous peine de destitution, d'avoir toujours affichés dans son bureau les lois et règlemens concernant la Loterie, de manière que chaque actionnaire puisse les consulter au besoin

Les Receveurs seront rétribués par une remise de cinq pour cent sur la recette brûte de chaque quinzaine.

Ils seront tenus de verser à la caisse générale le montant de leurs recettes d'une quinzaine sur l'autre, soit en espèces, soit en lots acquittés; à défaut de quoi, ils seront privés de nouveaux registres pour le tirage suivant, et poursuivis comme rétentionnaires de deniers publics.

Les Receveurs des départemens sont autorisés à faire leurs remises en papier sur Paris, à un mois de date au plus.

Toutes les difficultés qui naîtront de la part du Receveur ou de l'actionnaire, par suite des enregistremens, lors de la recette ou du payement des lots après le tirage, seront portées par-devant les Administrateurs, qui en réfereront, s'il y a lieu, au Ministre des finances.

ACTES DE L'AUTORITÉ CONSULAIRE.

Arrêté du 4 Vendémiaire an 9, concernant la LOTERIE NATIONALE.

Les consuls de la république, sur le rapport du ministre des finances, vû la loi du 9 vendémiaire an 6, portant rétablissement de la loterie nationale ; vû aussi l'arrêté du directoire-exécutif du 17 du même mois, relatif à l'organisation de cette loterie ; le conseil d'état entendu ; arrêtent :

ART. I. A compter du premier brumaire prochain, il sera fait trois tirages par mois de la loterie nationale. Ces trois tirages auront lieu le cinq de chaque décade.

II. Il sera établi dans le plus court délai des tirages particuliers dans les villes de Bordeaux, Bruxelles, Lyon et Strasbourg. Ils se feront dans la même forme et avec les mêmes précautions que celles prescrites par l'arrêté du directoire-exécutif, du 17 vendémiaire an 6.

III. Les tirages dans chacune desdites villes, se feront publiquement dans le lieu qui sera désigné à cet effet par le préfet du département, en présence et sous les ordres duquel se feront lesdits tirages, et en présence aussi, savoir, pour Bordeaux et Lyon, du commissaire général de police ; pour Bruxelles et Strasbourg, du maire du lieu, et en outre, pour chacune des quatre villes, du commissaire du gouvernement près le tribunal criminel. Un inspecteur y remplacera les administrateurs de la loterie. Il n'y sera procédé qu'après avoir mis sous le scellé tous les registres des receveurs, lesquels ne seront retirés qu'après le tirage.

IV. Le ministre des finances fixera les arrondissemens de chacune des villes de Paris, Bordeaux, Bruxelles, Lyon et Strasbourg pour les tirages qui s'y feront.

V. Les receveurs des bureaux de Paris seront autorisés à recevoir des mises pour les tirages qui se feront à Bordeaux, Bruxelles, Lyon et Strasbourg. Les receveurs des bureaux, dans ces quatre dernières villes, auront, indépendamment des mises qui seront faites pour leurs tirages, la faculté d'en recevoir pour Paris seulement. La même faculté pourra être accordée aux receveurs des autres villes de la république, lorsque le ministre des finances le jugera convenable.

INVITATION DE LA ROUE DE FORTUNE
AU PUBLIC.

POUR peu, je rends beaucoup ;
Mais si par fois la chance
Trompe votre espérance,
Ne vous rebutez pas pour un malheureux coup.
La bisarre Fortune,
Pour avoir part à ses faveurs,
Veut que souvent on l'importune :
Je vous offre un moyen pour vaincre ses rigueurs.
Trente-six fois l'année
Je recommence un nouveau cours ;
Et qui manque au premier l'heureuse destinée,
Peut au second s'enrichir pour toujours.
Différente des autres jeux,
Le même numéro peut faire mille heureux.
Dans ce jeu-ci chacun peut à sa guise
De cinq façons placer sa mise :
Dessus un nombre seul, que l'on appelle *Extrait*,
Qui vous rend quinze fois l'argent que l'on y met :
Dessus deux nombres liés, qu'*Ambe* pour-lors on nomme,
Deux cens soixante-dix fois vous avez votre somme :
Dessus trois nombre liés, que par *Terne* on désigne,
Cinq mille cinq cens fois l'argent qu'on leur assigne.
Sur quatre nombres joints, que *quaterne* on appelle,
Soixante-quinze mil fois l'argent se renouvelle :
Sur cinq nombres enfin, que vous nommez le *quine*,
Un million de fois. Heureux qui les devine !
Du choix des numéros et de leur quantité
Vous avez pleine liberté.
Quatre-vingt-dix en tout forme mon existence ;
Plus ou moins, vous pouvez étendre votre chance :
A les tirer je vous invite :
Tel souvent qui hésite,
Perd, par trop de réflexion,
L'heureuse occasion.

N O M S

ANNEXÉS AUX 90 NUMÉROS

Avant la suppression de la Loterie.

1 Adèle.	31 Olympie.	61 Germaine.
2 Balbine.	32 Pélagie.	62 Honorine.
3 Camille.	33 Restitue.	63 Julie.
4 Denise.	34 Séraphine.	64 Lucienne.
5 Eustasie.	35 Théodore.	65 Marine.
6 Félicité.	36 Victoire.	66 Nicaise.
7 Georgette.	37 Agnès.	67 Ovide.
8 Hélène.	38 Bathilde.	68 Perrine.
9 Josephine.	39 Christine.	69 Renée.
10 Léonore.	40 Donatille.	70 Suzanne.
11 Modeste.	41 Emilie.	71 Théophile.
12 Natalie.	42 Françoise.	72 Vestine.
13 Odille.	43 Geneviève.	73 Aurélie.
14 Pauline.	44 Hilaire.	74 Brigitte.
15 Romualde.	45 Jeanne.	75 Constance.
16 Sidone.	46 Lucette.	76 Drosine.
17 Telchide.	47 Marianne.	77 Eugénie.
18 Ursule.	48 Nicole.	78 Faustine.
19 Agathe.	49 Omère.	79 Gervaise.
20 Barbe.	50 Perpétue.	80 Hyppolite.
21 Cécile.	51 Rosalie.	81 Justine.
22 Dorothée.	52 Sophie.	82 Lucile.
23 Eutrope.	53 Thérèse.	83 Monique.
24 Flore.	54 Valerie.	84 Nicosie.
25 Gertrude.	55 Aspasie.	85 Onésime.
26 Henriette.	56 Béatrice.	86 Placide.
27 Isabelle.	57 Claire.	87 Rosette.
28 Louise.	58 Dosithée.	88 Silvie.
29 Mélanide.	59 Elisabeth.	89 Timothée.
30 Nicette.	60 Flaviane.	90 Virginie.

APPENDICE

Sur la Loterie Nationale de France.

QUOIQUE les Loix et Arrêtés sur la Loterie, qui se trouvent dans cet ouvrage , nous aient dispensé de parler du produit des lots qui échoient à chaque tirage , par la sortie des cinq numéros tirés de la roue de fortune , nous allons cependant donner , en remettant de nouveau sous les yeux des Actionnaires ces mêmes produits , l'instruction nécessaire pour faire connaître sa composition , et ensuite l'étendue des différentes positions que présentent les 90 numéros , que l'on appelle la progression des chances.

Cette Loterie est composée de 90 numéros , depuis 1 jusques et compris le n.º 90. Le jour des tirages , c'est-à-dire les premiers et les 16 de chaque mois, on renferme dans la roue de fortune 90 étuis d'égale grandeur , et dont on justifie aussi le même poids en les pesant en présence du public : chacun de ces étuis contient un carré de parchemin sur lequel est écrit chaque numéro , depuis le numéro 1 jusques et compris le numéro 90 ; tous les numéros , avant d'être placés dans leurs étuis , sont exposés aux yeux des assistans , et mis dans leurs étuis en leur présence , et de suite dans la roue , que l'on tourne à l'effet de bien les mêler.

Ensuite on extrait de la roue cinq étuis , l'un après l'autre , dont on proclame à fur et à mesure le numéro sorti.

Enfin la manière que l'on emploie à faire les tirages, où la bonne foi préside, ne laisse rien à désirer ; il n'y a que les intéressés au renversement de cet établissement , qui en sont les ennemis , comme ils le sont sûrement de tous ceux qui concourent au soutien et à la prospérité du Gouvernement, qui tâchent d'insinuer aux yeux du vulgaire qu'il existe des abus dans la manière de faire les tirages ; abus contre lesquels les actionnaires qui calculent pour obtenir les chances les plus avantageuses, sont parfaitement rassurés, par l'impossibilité qu'il y a de faire sortir d'autres numéros, autres que ceux que le hazard approche de la main innocente de l'enfant qui les saisit en aveugle, pour les donner ensuite au Magistrat qui préside au tirage.

D'autres ennemis de la Loterie se présentent encore sous une autre forme ; ils se mettent sous les bannières de la philosophie, et avec le mot philosophe, ils proscrivent d'un coup de plume tous les jeux, parce que, disent-ils, ils sont abusifs, et sous ce point de vue, on ne peut les permettre.

Par conséquent, suivant eux, il faudrait jetter au feu les trictracs, les Echecs, les Dames, les Billards, etc. etc. parce qu'ils occasionnent souvent des rixes ; il faudrait aussi fermer les Spectacles, les Jardins publics, etc. etc. parce qu'ils servent de rendez-vous à des corrupteurs ; fermer les Caffés, les Cabarets, etc., parce que des hommes prennent trop de liqueurs et de vins, etc. etc.

Ces rigoristes Censeurs des délassemens du monde entier, qui veulent conduire même la nature et réformer les mœurs, dont quelques-uns donnent l'exemple de ne se pas marier, dans la crainte de faire des malheureux, nous leur conseillons aussi de ne pas marcher, crainte qu'ils n'attrappent des fluxions de poitrine, ou ne se cassent les jambes ; nous les invitons même à ne point manger ; car il y a des hommes qui sont morts d'indigestion.

Laissons tranquilles ces pygmées philosophes, et tâchons de donner à ceux qui veulent s'amuser de la Loterie, des éclaircissemens nécessaires.

La Loterie est donc composée de 90 numéros, comme nous l'avons dit plus haut, qui produisent à chaque tirage :

     5 lots d'extraits.
   10 lots d'ambes.
   10 lots de ternes.
     5 lots de quaternes.

1 lot de quine.

5 lots d'extraits déterminés.

10 lots d'ambes déterminés.

Les chances de la Loterie sont divisées en deux classes.

La première, celle des chances simples, qui comprend l'extrait, l'ambe, le terne, le quaterne et le quine.

La deuxième, celle des chances déterminées, qui renferme l'extrait et l'ambe déterminés.

PREMIERE CLASSE.
DES CHANCES SIMPLES.

L'extrait consiste dans la rencontre de 1, de 2, de 3, de 4 et même de 5 numéros qui sont tirés de la roue de fortune : ainsi, pour gagner un extrait simple, il ne faut à l'Actionnaire qu'un seul numéro sorti de la roue ; alors il gagne quinze fois sa mise.

L'ambe simple est composé de deux numéros choisis dans les 90, et joints ensemble dans un même billet; s'ils sortent de la roue de fortune, on gagne 270 fois la valeur de sa mise.

Le *terne* est composé de trois numéros choisis dans les 90, et joints ensemble dans le même billet : s'ils sortent tous les trois, on gagne 5500 fois la valeur de la mise.

Le *quaterne* est composé de quatre numéros choisis dans les 90, et joints ensemble dans le même billet : s'ils sortent tous les quatre de la roue de fortune, on gagne 75,000 fois la valeur de la mise.

Le *quine* est composé de cinq numéros choisis dans les 90, et joints ensemble dans le même billet : s'ils sortent tous les cinq de la roue de fortune, on gagne 1,000,000 de fois la valeur de la mise.

La Loterie n'accorde le gain d'un lot quelconque, qu'autant que l'Actionnaire aura payé et désigné les chances pour lesquelles il a voulu s'intéresser.

L'Actionnaire est libre de choisir tels numéros, et telle quantité qu'il lui plaira, pour former sa mise. *Voyez les loix.*

Il faut aussi que l'actionnaire, avant de faire sa mise,
ait toujours recours aux calculs progressifs, et de com-
parer leur valeur avec le bénéfice supposé résultant de la
sortie soit d'un numéro, soit de plusieurs.

Exemple.

Supposons qu'un Actionnaire desire placer les numéros 1. 9. 36. 63. 90. sur toutes les chances *simples*
ci-après désignées ;

S A V O I R :

Pour
{
5 extraits à 3 l. fait...15 l.
10 ambes à 1 12 s. fait...16
10 ternes à 1 fait...10
5 quaternes à 12 s. fait... 3
1 quine à 1 fait... 1
}

Total de la mise...... 45 l.

Bénéfice qui peut résulter de cette mise par la sortie,
D'un numéro, un extrait........... 45 l.

De 2 n.os
{
2 extraits de.... 90 liv.
1 ambe d.... 432
} 522

De 3 n.os
{
3 extraits....... 135 liv.
3 ambes........ 1296
1 terne 5500
} 6931

De 4 n.os
{
4 extraits..... 180 liv.
6 ambes 2592
4 ternes....... 22000
1 quaterne ... 45000
} 69772

De 5 n.o.
{
5 extraits ... 225 liv.
10 ambes..... 4320
10 ternes..... 55000
5 quaternes. 225000
1 quine.... 1,000000
} 1,284545

Cet exemple seul suffit pour appliquer les différens
bénéfices auxquels l'Actionnaire a droit de prétendre en
raison de sa mise.

Explication ds l'exemple ci-dessus.

L'Actionnaire ayant désiré couvrir sa mise par la sortie d'un seul numéro, il a été obligé de payer les cinq extraits qui résultent de sa mise : car on sait qu'un seul nombre est un extrait ; et comme il y a cinq numéros, il a payé cinq extraits.

D. Pourquoi paye-t'il dix ambes pour les cinq numéros ?

R. C'est qu'ayant espérance d'en gagner un ou plusieurs, il faut nécessairement les payer tous.

D. Comment ces cinq numéros forment-ils dix ambes ?

P R E U V E.

Décomposition des Ambes.		*Décomposition des Ternes.*		
1er Ambe 1	9	1er. Terne 1	9	36
1	36	1	9	63
1	63	1	9	90
1	90	1	36	63
9	36	1	36	90
9	63	1	63	90
9	90	9	36	63
36	63	9	36	90
36	90	9	63	90
63	90	36	63	90

Ayant aussi espérance de gagner un ou plusieurs ternes, il faut également les payer tous pour y avoir part. | Désirant également gagner un ou plusieurs quaternes, il faut aussi les payer tous.

Décomposition des Quaternes.

1e. Quaterne	1	9	36	63
	1	9	36	90
	1	9	63	90
	1	36	63	90
	9	36	63	90

Comme cinq numéros ne font qu'un quine, il n'y a point de décomposition.

Mais pour satisfaire le Lecteur, nous allons donner une décomposition de quines sur six numéros.

Décomposition de Quines sur les numéros

1.   9.   36.   63.   75.   90.

1ᵉʳ. Quine				
1	9	36	63	75
1	9	36	63	90
1	9	36	75	90
1	9	63	75	90
1	36	63	75	90
9	39	63	75	90

Voyez les calculs progressifs des chances simples pour une plus grande quantité de numéros.

SECONDE CLASSE.

Des chances déterminées , avec leur bénéfice.

L'extrait déterminé consiste à choisir un numéro dans les 90 ; et de désigner l'ordre de sa sortie , c'est-à-dire, parier qu'il sortira le premier, le deuxième, le troisième, le quatrième , le cinquième de la roue de fortune : s'il arrive qu'il sorte à la sortie désignée , *l'on gagne* 70 *fois la valeur de la mise.*

L'actionnaire peut placer la quantité de numéros qu'il voudra par extrait déterminé , sur une seule sortie comme sur plusieurs.

L'ambe déterminé est composé de deux numéros choisis dans les 90 , et joints ensemble dans un seul et même billet , dont l'ordre de la sortie de chacun doit être aussi désigné. S'ils sortent tous deux à leurs sorties désignées , *l'on gagne* 5100 *fois la valeur de la mise.*

Quoique l'Ambe déterminé soit formé par deux numéros , on peut en adopter un plus grand nombre , et en jouer aussi plusieurs sur différentes sorties.

On observe , que deux numéros quelconques , joués sur toutes les sorties , peuvent se combiner ou se décomposer de vingt manières différentes.

EXEMPLE.

Les numéros 10. 21. 33. 70. 88.

Font dix ambes simples ; savoir :

10	21.	21	70.
10	33.	21	88.
10	70.	33	70.
10	88.	33	88.
21	33.	70	88.

Chacun de ces ambes simples étant multiplié par 20, font 200 ambes déterminés.

PREUVE sur le premier ambe simple.

10   21

Que nous allons décomposer par amb. dét. sur 5 sorties.

ORDRE DE SORTIES.

1re.	2e.	3e.	4e.	5e.	Ambes.
10	21				1er Ambe.
10		21			
10			21		
10				21	
	10	21			
	10		21		
	10			21	
		10	21		
		10		21	
			10	21	
21	10				
21		10			
21			10		
21				10	
	21	10			
	21		10		
	21			10	
		21	10		
		21		10	
			21	10	20e Ambe

Ce Tableau peut servir d'exemple pour un plus grand nombre de numéros.

Manière de faire des mises avec avantage.

L'intérêt d'un actionnaire qui se propose de faire une mise sur les chances déterminées, soit sur l'extrait ou sur l'ambe, est aussi de placer les mêmes numéros sur les chances simples, attendu que ces dernières doivent naturellement sortir avec plus de facilité : aussi la Loterie accorde-t'elle en raison de la probabilité de la sortie des chances.

Exemple Un actionnaire qui auroit placé sur un ou plusieurs nᵒˢ, à la 1ʳᵉ. à la 2e. ou à la 3e. sortie, ne gagneroit rien si ses nᵒˢ. sortoient à la 4e. ou à la 5e. : en plaçant aussi ses numéros sur les chances simples, sa mise se trouveroit couverte par la sortie de ses numéros, et il n'auroit point le désagrément de voir sortir les numéros qu'il auroit choisis, et de ne rien gagner.

On a vu le moyen qu'il falloit employer pour faire des mises sur des ambes déterminés, et leurs décompositions sur deux numéros ; nous allons donner la manière d'avoir part à un plus grand nombre de numéros et d'ambes déterminés, ainsi que des ambes simples.

Manière de faire des mises en un seul billet, et d'avoir part à un grand nombre de nᵒˢ. par ambes déterminés.

A la première sortie, nᵒ. 1 , *lié séparément avec chacun des numéros suivans.* Seconde sortie, 21—36—37—44—75—88—90.

Cet exemple offre un moyen d'économie, puisqu'il donne part à sept ambes déterminés, qui n'auroient coûté, en les supposant chacun à 2 sols, que 14 sols.

Ainsi, que le nᵒ. 1 , que l'on appelle *commandeur,* sorte à la 1ʳᵉ. sortie, et un numéro des *commandés* que l'on désigne à la 2e. sortie, vous gagnerez un ambe déterminé.

Preuve de la formation des sept ambes.

1ʳᵉ. sortie	1.	2e. sortie	21.	1ᵉʳ amb.
1ʳᵉ. . . .	1.	2e. . . .	36.	
1ʳᵉ. . . .	1.	2e. . . .	37.	
1ʳᵉ. . . .	1.	2e. . . .	44.	
1ʳᵉ. . . .	1.	2e. . . .	75.	
1ʳᵉ. . . .	1.	2e. . . .	88.	
1ʳᵉ. . . .	1.	2e. . . .	90.	7 ambes.

Pour multiplier vos espérances et gagner plus sûrement, mettez encore un autre numéro à la premiere sortie, en conservant à la seconde sortie les mêmes numéros de votre derniere mise, et composez un autre billet comme il suit :

Premiere sortie , 10. *Lié séparément avec chacun des numéros suivans :* Seconde sortie , 21—36—37—44—75—88—90.

Ainsi, que le numéro 10 sorte à la 1re sortie , et un des numéros désignés à la 2e sortie , vous gagnez un ambe déterminé , et vous n'avez payé que sept ambes.

Preuve de la formation des 7 ambes.

1re. sortie . . 10 , 2e sortie. 21. 1er ambe.
1re. . . . 10 , 2e. . . 36.
1re. . . . 10 , 2e. . . 37.
1re. . . . 10 , 2e. . . 44.
1re. . . . 10 , 2e. . . 75.
1re. . . . 10 , 2e. . . 88.
1re. . . . 10 , 2e. . . 90. 7e. ambe.

Voulez-vous jouer encore plus avantageusement ? mettez à la troisieme , quatrième ou cinquième sortie , les numéros 1 et 10 , qui sont vos *commandeurs* , et conservez toujours à la deuxième sortie les numéros *commandés* 21—36—37—44—75—88—90.

Pour les ambes simples.

E X E M P L E.

Numéro 1. *Lié séparément avec chacun des numéros suivans* , 31—33—36—45—55—60—63—66—73—74—75—90 , ce qui vous donnera part dans 12 ambes , ou plus si vous mettez davantage de numéros.

Composition des ambes de l'Exemple ci-dessus.

1—31   1—63
1—33   1—65
1—36   1—73
1—45   1—74
1—55   1—75
1—60   1—90

En conséquence de cette mise, il faut absolument pour gagner un ambe simple que votre *commandeur* sorte, n'importe à quelle sortie, et ensuite un de vos numéros *commandés*, et si le n°. 1 sortoit comme il le faut pour gagner, accompagné des numéros 31, 33, 36, 45, vous auriez gagné 4 ambes.

On peut, pour avoir encore plus d'avantage, jouer dans un autre billet un autre numéro *commandeur*, et conserver toujours les mêmes numéros *commandés*, comme à l'exemple ci-après :

Exemple. 10 *lié séparément avec chacun des numéros suivants.* 31—33—36—45—55—60—63—66—73—74—75—90.

La composition de cet Exemple est la même, en changeant seulement le numéro 1 qui étoit votre *commandeur* à l'Exemple précédent, et y substituant le n°. 10.

D'après les deux Exemples ci-dessus, vous gagnerez un ambe simple par la sortie soit du numéro 1 avec un des autres, soit par la sortie du numéro 10 également avec un des autres *commandés* ; et vous pourrez même gagner 1, 2, 3 et 4 ambes dans le même billet, et 6 ambes dans les deux billets.

Avantages que les Actionnaires de la Loterie Nationale de France ont sur les Loteries étrangères.

La Loterie Nationale de France accorde par extrait
simple . . . . 15 fois la mise.
    Celle de Rome 14
    Gênes 13
    En Allemagne 14
La Loterie Nationale de France accorde par ambe
simple . . . . 270 fois.
    Celle de Rome 266
    Gênes . . . . 150 et demie.
    En Allemagne 240
La Loterie Nationale de France accorde par
terne . . . . 5500 fois.
    A Rome 5142
    A Gênes 2857
    En Allemagne 4800
La Loterie Nationale de France accorde par
quaterne . . . . 75000 fois.
    En Allemagne 60000

CALCUL PROGRESSIF DES CHANCES SIMPLES.

Extraits.	Ambes.	Ternes.	Quaternes.	Quines.
1	.	.	.	.
2	1	.	.	.
3	3	1	.	.
4	6	4	1	.
5	10	10	5	1
6	15	20	15	6
7	21	35	35	21
8	28	56	70	56
9	36	84	126	126
10	45	120	210	252
11	55	165	330	462
12	66	220	495	792
13	78	286	715	1287
14	91	364	1001	2002
15	105	455	1365	3003
16	120	560	1820	4368
17	136	680	2380	6188
18	153	816	3060	8568
19	171	969	3876	11628
20	190	1140	4845	15504
21	210	1330	5985	20349
22	231	1540	7315	26334
23	253	1771	8855	33649
24	276	2024	10626	42504
25	300	2300	12650	53130
26	325	2600	14950	65780
27	351	2925	17550	80730
28	378	3276	20475	98280
29	406	3654	23751	118755
30	435	4060	27405	142506

CALCUL PROGRESSIF DES CHANCES SIMPLES.

Extr.	Ambes.	Ternes.	Quatern.	Quines.
31	465	4495	31465	169911
32	496	4960	35960	201376
33	528	5456	40920	237336
34	561	5984	46376	278256
35	595	6545	52360	324632
36	630	7140	58905	376992
37	666	7770	66045	435897
38	703	8436	73815	501942
39	741	9139	82251	575757
40	780	9880	91390	658008
41	820	10660	101270	749398
42	861	11480	111930	850668
43	903	12341	123410	962598
44	946	13244	135751	1086008
45	990	14190	148995	1221759
46	1035	15180	163185	1370754
47	1081	16215	178365	1533939
48	1128	17296	194580	1712304
49	1176	18424	211876	1906884
50	1225	19600	230300	2118760
51	1275	20825	249900	2349060
52	1326	22100	270725	2598960
53	1378	23426	292825	2869685
54	1431	24804	316251	3162510
55	1485	26235	341055	3478761
56	1540	27720	367290	3819816
57	1596	29260	395010	4187106
58	1653	30856	424270	4582116
59	1711	32509	455126	5006386
60	1770	34220	487635	5461512

CALCUL PROGRESSIF DES CHANCES SIMPLES.

Extr.	Ambes	Ternes.	Quaternes.	Quines.
61	1830	35990	521855	5949147
62	1891	37820	557845	6471002
63	1953	39711	595665	7028847
64	2016	41664	635376	7624512
65	2080	43680	677040	8259888
66	2145	45760	720720	8936928
67	2211	47905	766480	9657648
68	2278	50116	814385	10424128
69	2346	52394	864501	11238513
70	2415	54740	916895	12103014
71	2485	57155	971635	13019909
72	2556	59640	1028790	13991544
73	2628	62196	1088430	15020334
74	2701	64824	1150626	16108764
75	2775	67525	1215450	17259390
76	2850	70300	1282975	18474840
77	2926	73150	1353275	19757815
78	3003	76076	1426425	21111090
79	3081	79079	1502501	22537515
80	3160	82160	1581580	24040016
81	3240	85320	1663740	25621596
82	3321	88560	1749060	27285330
83	3403	91881	1837620	29034396
84	3486	95284	1929501	30872016
85	3570	98770	2024785	32801517
86	3655	102340	2123555	34826302
87	3741	105995	2225895	36949857
88	3828	109736	2331890	39175752
89	3916	113564	2441626	41507642
90	4005	117480	2555190	43949268

CALCUL PROGRESSIF DES *AMBES* DETERMINÉS

2 Nos.	Sur deux sorties, font,	Sur trois sorties, font,	Surquat. sorties, font,	Sur cinq sorties, font,
. . . .	2	6	12	20
3	6	18	36	60
4	12	36	72	120
5	20	60	120	200
6	30	90	180	300
7	42	126	252	420
8	56	168	336	560
9	72	216	432	720
10	90	270	540	900
11	110	330	660	1100
12	132	396	792	1320
13	156	468	936	1560
14	182	546	1092	1820
15	210	630	1260	2100
16	240	720	1440	2400
17	272	816	1632	2720
18	306	918	1836	3060
19	342	1026	2052	3420
20	380	1140	2280	3800
21	420	1260	2520	4200
22	462	1386	2772	4620
23	506	1518	3036	5060
24	552	1656	3312	5520
25	600	1800	3600	6000
26	650	1950	3900	6500
27	702	2106	4212	7020
28	756	2268	4536	7560
29	812	2436	4872	8120
30	870	2610	5220	8700

CALCUL PROGRESSIF DES *AMBES* DÉTERMINÉS.

31 N^os	Sur deux sorties, font,	Sur trois sorties, font,	Sur quat. sorties, font,	Sur cinq sorties, font,
. . .	930	2790	5580	9300
32	992	2976	5952	9920
33	1056	3168	6336	10560
34	1122	3366	6732	11220
35	1190	3570	7140	11900
36	1260	3780	7560	12600
37	1332	3996	7992	13320
38	1406	4218	8436	14060
39	1482	4446	8892	14820
40	1560	4680	9360	15600
41	1640	4920	9840	16400
42	1722	5166	10332	17220
43	1806	5418	10836	18060
44	1892	5676	11352	18920
45	1980	5940	11880	19800
46	2070	6210	12420	20700
47	2162	6486	12972	21620
48	2256	6768	13536	22560
49	2352	7056	14112	23520
50	2450	7350	14700	24500
51	2550	7650	15300	25500
52	2652	7956	15912	26520
53	2756	8268	16536	27560
54	2862	8586	17172	28620
55	2970	8910	17820	29700
56	3080	9240	18480	30800
57	3192	9576	19152	31920
58	3306	9918	19836	33060
59	3422	10266	20532	34220
60	3540	10620	21240	35400

CALCUL PROGRESSIF DES *AMBES* DÉTERMINÉS.

61 Nos {	Sur deux sorties, font,	Sur trois sorties, font,	Sur quat. sorties, font,	Sur cinq sorties, font,
. . .	3660	10980	21960	36600
62	3782	11346	22692	37820
63	3906	11718	23436	39060
64	4032	12096	24192	40320
65	4160	12480	24960	41600
66	4290	12870	25740	42900
67	4422	13266	26532	44220
68	4556	13668	27336	45560
69	4692	14076	28152	46920
70	4830	14490	28980	48300
71	4970	14910	29820	49700
72	5112	15336	30672	51120
73	5256	15768	31536	52560
74	5402	16206	32412	54020
75	5550	16650	33300	55500
76	5700	17100	34200	57000
77	5852	17556	35112	58520
78	6006	18018	36036	60060
79	6162	18486	36972	61620
80	6320	18960	37920	63200
81	6480	19440	38880	64800
82	6642	19926	39852	66420
83	6806	20418	40836	68060
84	6972	20916	41832	69720
85	7140	21420	42840	71400
86	7310	21930	43860	73100
87	7482	22446	44892	74820
88	7656	22968	45936	76560
89	7832	23496	46992	78320
90	8010	24030	48060	80100

LE VRAI
CAGLIOSTRO,
OU
LE RÉGULATEUR
DES ACTIONNAIRES

De la Loterie Nationale de France, et autres Loteries composées de 90 numéros.

Augmenté de nouvelles cabales faites par Cagliostro pour les tirages de Bruxelles.

CABALES DE CAGLIOSTRO.

JEUX DES PROPHETES.

Ces jeux doivent être joués par extraits, ambes et ternes, en observant que l'extrait soit le rapport principal, en le chargeant suivant les facultés du joueur. Ces jeux sont composés de dix-huit numéros; savoir : neuf pour les tirages de Paris, et autres loteries composées de 90 numéros,

Et de neuf autres numéros spécialement pour les tirages de Bruxelles.

Cabale des tirages de Paris et autres loteries.

Numéros 17 22 32 36 37 48 75 82 88.

Cabale des tirages de Bruxelles.

Numéros 7 17 29 32 42 49 71 81 85.

D

Pour jouer avec avantage ces cabales, il faut d'abord examiner celle des deux qui se trouve la plus en retard, et jouer celle adoptée au tirage pour lequel cette cabale a été faite. Celle de Paris, par exemple, peut se jouer à toute les loteries; mais celle de Bruxelles n'étant indiquée que pour Bruxelles, il ne faut la jouer qu'à Bruxelles.

Observations des Editeurs.

Si nous n'avions de Cagliostro que ces deux cabales, elles suffiroient déja pour gagner beaucoup à la loterie.

Quoique la vérification des anciens tableaux des tirages suffit pour assurer de la bonté de ces cabales, nous allons cependant mettre sous les yeux des exemples sur les quatre premiers tirages de Bruxelles faits depuis son rétablissement, et sur les quatre tirages de Paris faits depuis le même tems.

Avant de donner ces exemples, nous croyons nécessaire de rapporter ci-dessous les numéros des tirages qui servent à l'exemple.

Numéros des tirages de Paris.

Du 5 frimaire,	15.	40.	48.	32.	69
Du 15 *idem*,	36.	24.	44.	19.	47.
Du 25,	44.	19.	6.	48.	35.
Du 5 nivose,	61.	83.	52.	80.	75.

Numéros des tirages de Bruxelles.

Du 7 frimaire,	39.	62.	68.	63.	21.
Du 17 *idem*,	16.	64.	52.	73.	29.
Du 27,	66.	16.	5.	57.	58.
Du 7 nivose,	57.	62.	75.	85.	27.

E X E M P L E.

Les tirages de Paris ont donné de la cabale de Paris :

Le 5 frimaire	32	48
Le 15		36
Le 25		48
Le 5 nivose		75

Les tirages de Bruxelles ont donné de la cabale de Bruxelles :

Du 7 frimaire———————	
Du 17	29
Du 27— — — — — —	
Du 7 nivose	85

Aussitôt que la cabale que vous aurez choisie comme étant la plus ancienne, vous aura rapporté, prenez de suite celle qui sera la plus en retard des deux cabales restantes, et ainsi de suite.

DEUXIÈME CABALE DE CAGLIOSTRO.

J E U   D E S   A P Ô T R E S.

Bon à jouer à toutes les Loteries.

Ce jeu doit être joué par extrait simple, ambe et terne, ou l'un des trois seul, si on le veut ; mais la mise devient beaucoup plus forte. Il est composé de sept numéros qui ne varient jamais ; savoir :

12. 39. 48. 57. 66. 75. 84.

Il est peu de jeux aussi avantageux et aussi heureux que celui-ci. Il donne par 24 tirages neuf à dix extraits, un ou deux ambes, et assez souvent un terne ; (on peut le vérifier au tableau de rapprochement des tirages de la Loterie de Paris, et des mises indiquées, que vous trouverez ci-après à la fin de toutes les colonnes.)

Quoique plusieurs de ces numéros viennent à sortir, on ne doit pas, pour cela, les changer. Ils doivent tous être invariablement conservés, en attendant cependant trois à quatre tirages où ces numéros n'auroient point parus, et profiter de cet intervalle pour jouer une cabale plus ancienne, ou bien la jouer aux tirages de Bruxelles s'il s'y rencontroit deux, trois à quatre tirages où ils n'auroient également point parus. Ces numéros cabalistiques ne doivent point se séparer les uns des autres. C'était un des jeux d'adoption de Cagliostro.

Explication de la cabale du Jeu des Apôtres.

Le numéro 12 est la clef de la cabale.

Tous les autres numéros doivent se rapporter et former également le nombre 12, chacun, en calculant comme il suit :

En 39 on trouve 3 et 9 qui font 12 ; en 48, 4 et 8 font 12 ; en 57, 5 et 7 font 12 ; et ainsi de suite pour tous les numéros qui forment les Apôtres.

Réflexions intéressantes des Editeurs sur la cabale des Apôtres.

Quoique ce jeu soit fait pour toutes les Loteries composées de 90 numéros, nous pensons, d'après des renseignemens particuliers et certains, que Cagliostro le jouait plus particulièrement à Paris et à Bruxelles qu'aux Loteries d'Italie, d'Espagne et autres. Ce qui nous le confirme encore d'une manière non équivoque, c'est la vérification que nous avons faite de cette cabale , dont nous allons donner ci-après le résultat pour Bruxelles seulement , puisque nous renvoyons pour Paris au tableau des rapprochemens.

Les cent premiers tirages de Bruxelles ont produit quarante extraits ; les cent tirages suivans quarante-cinq extraits, et des ambes dans la même proportions.

Nous croyons devoir aussi recommander à nos lecteurs la prudence qu'avoit aussi ce grand calculateur , dont nous leur présentons aujourd'hui les moyens , moyens que le réta-blissement de la Loterie de Bruxelles nous a mis à portée de leur mettre sous les yeux ; aussi avions - nous mis sous silence , dans les précédentes éditions qui sont sorties de notre imprimerie , les cabales que Cagliostro avoit faites pour Bruxelles , et que nous transmettons aujourd'hui aux actionnaires.

TROISIÈME CABALE DE CAGLIOSTRO.

Bonne à jouer à toutes les Loteries

JEU CARDINAL.

J'ai remarqué qu'il rendoit beaucoup plus les six premiers mois de l'année que les six derniers : il est composé de sept numéros , qui sont :

5. 14. 23. 47. 78. 82. 84.

Il se joue par extrait simple, ambe , terne, qua-terne et quine.

Il m'a fait gagner prodigieusement, (c'est Cagliostro qui parle ;) en 1780 il me donna le terne par — — — — — — — — — — — — 82 5 14

Même année, un autre par — — — 84 5 14
En 1782 il me donna le terne par — 47 5 84
Et le quaterne par — — — — 78 14 82 23
L'année 1791, (ce sont les Editeurs qui par-
lent) a donne l'ambe par — — — — 23 78
Un extrait par— — — — — — — 47
Un autre par — — — — — — — — 84
Et trois fois le— — — — — — — — — 5
Un autre par — — — — — — — — 14
Un autre par — — — — — — — — 82
Les Actionnaires peuvent vérifier sur les tirages de Paris, en consultant le tableau des tirages.

Cette Cabale n'est pas si avantageuse à jouer aux tirages de Bruxelles qu'aux tirages de Paris; pour la jouer avec avantage, il faut examiner les tirages qu'elle n'a point produit à Paris, et si elle est plus ancienne à Bruxelles, vous pouvez la jouer, toutefois qu'elle aura été à Bruxelles huit tirages sans donner, et à Paris sept tirages.

Observez toujours la prudence de Cagliostro, qui se reposoit quelques tirages. Quand une de ses Cabales lui avoit donné, il en prenoit une autre plus ancienne, ou jouoit tantôt à Bruxelles, tantôt à Paris, suivant l'ancienneté de ses Cabales. Cagliostro, qui savoit profiter de l'avantage de plusieurs loteries, jouoit souvent la même Cabale aux deux loteries, France et Bruxelles, avec la différence qu'il jouoit peu sur la Cabale la moins ancienne, soit d'une ville, soit d'une autre; quand une des deux mises lui donnoit, ses bénéfices lui suffisoient pour suivre la même à l'autre loterie, de maniere qu'à sa deuxième sortie tout étoit bénéfice.

QUATRIÈME CABALE DE CAGLIOSTRO.

JEU D'APOLLON.

Ce jeu n'est que pour Bruxelles.

15 25 41 50 55 61 65 66 89.

Les vingt - cinq derniers tirages anciens de Bruxelles ont donné 11 extraits, 4 ambes et 1 terne.

Ce jeu peut se jouer par extrait, ambe et terne; mais charger les extraits, et mettre peu sur les autres chances. Il faut faire vos mises comme Cagliostro, après quatre tirages révolus, sans qu'il ait paru de numéros ; mais pendant cet intervalle jouer une des cabales des plus anciennes que vous trouverez dans cet ouvrage.

CINQUIÈME CABALE.

JEU D'APOLLONIUS.

Ce jeu n'est que pour Paris.

Il est composé de neuf numéros sur toutes les chances simples. Cependant les actionnaires qui n'ont pas d'ambition, feront mieux de ne le jouer que par extrait simple.

Les numéros qui composent cette mise sont :

17. 21. 22. 36. 63. 76. 82. 84. 88.

Exemple de son produit.

L'année 1791 , jusqu'au 16 septembre , a donné douze extraits et quatre ambes. Ce qu'on peut vérifier sur les tirages.

SIXIEME CABALE.

Jeu des Racines.

Ce jeu est bon à jouer à toutes les Loteries composées de 90 numéros.

Il y a neuf colonnes de racines, et chacune est composée de dix numéros.

On donne à ces cabales le nom de racines, parce que les neuf premiers chiffres dont nous nous servons en calcul, savoir 1, 2, 3, 4, 5, 6, 7, 8 et 9, sont les bases, et en quelque sorte les racines de ce jeu. Voici la manière d'y procéder.

A chaque nombre vous ajouterez le numéro 9, ainsi qu'il suit :

Racine 1.			Racine 2.	Racine 3.
1	et 9	font	2	3
10	et 9	font	11	12
19	et 9	font	20	21
28	et 9	font	29	30
37	et	ainsi des	38	39
46		autres.	47	48
55			56	57
64			65	66
73			74	75
82			83	84

Racine 4.

Racine 4.	Racine 5.	Racine 6.
4	5	6
13	14	15
22	23	24
31	32	33
40	81	42
49	50	51
58	59	60
67	68	69
76	77	78
85	86	87

Racine 7.	Racine 8.	Racine 9.
7	8	9
16	17	18
25	26	27
34	35	36
43	44	45
52	53	54
61	62	63
70	71	72
79	80	81
88	89	90

On les joue par extrait , ambe et terne. On peut adopter une des racines. Alors il faut examiner sur les tirages combien il y a que la racine adoptée n'a donné l'extrait et l'ambe ; et lorsqu'elle s'est reposée quelque tems, on la joue par extrait , ambe et terne simples.

Mais voici une cabale qui indique beaucoup mieux la racine qu'on doit choisir.

Prenez le premier chiffre du n.º sorti le premier

de la roue au tirage précédent, le dernier du dernier numéro du même tirage ; ajoutez-y, sans les
minutes, l'heure du lever et du coucher du soleil,
dans le mois où vous êtes ; le quantième du mois.
Mettez vos nombres les uns sous les autres, et additionnez le tout ; le dernier chiffre de votre addition, sera le nombre indicatif, ou le commandeur
de la racine qu'il vous faut prendre.

EXEMPLE.

Le 5 septembre 1788 j'employai cette cabale.
Le tirage du premier septembre avait donné,

87   38. 9. 90. 45.

Je pris le —————— 8 —— de 87———
Et le ————— 5 —— de 45———
Le soleil se lève à ——— 5 heures. ————
Se couche à ——— 6 heures. ————
Je faisais ma mise le — 5 —————

Mon total est de — 29

Le 9 indiqua la racine 9, et cette racine me fit
gagner le tirage suivant un ambe et deux extraits
sur les numéros 89 et 19. Cet exemple suffira pour
l'intelligence des actionnaires.

Nota. *Si le total finissait par un zéro, on ne
jouerait aucune des racines, parce qu'alors
elles ne seraient pas indiquées.*

JEUX DES REVENANS.

PREMIÈRE CABALE.

Ce jeu est un des plus avantagenx qui existe
par extrait.

Instruction et Exemples.

Il faut, pour jouer cette cabale, prendre

le dernier chiffre du tirage qui précède celui pour lequel vous voulez vous intéresser.

Comme cette cabale est liée pour les tirages de la loterie de Paris et de Bruxelles , d'après les exemples de Cagliostro , et que celle de Bruxelles est rétablie , nous allons supposer comment nos cabales , par le premier tirage du rétablissement des tirages de Bruxelles , peuvent servir à gagner au tirage suivant , à Paris.

Il faut prendre , nous a dit Cagliostro , le dernier chiffre du tirage. Hé bien , le dernier chiffre du premier tirage de Bruxelles est 1 , puisqu'il est sorti le numéro 21.

Avant de faire notre opération , nous allons mettre sous les yeux la table des numéros que Cagliostro appelloit *revenans* , et les numéros indicateurs.

TABLES.

Numéros indicateurs.   *Numéros des revenans.*

Quand le dernier

chiffre est		il faut jouer		
	1	il faut jouer	10 à 19
	2		20 à 29
	3		30 à 39
	4		40 à 49
	5		50 à 59
	6		60 à 69
	7		70 à 79
	8		80 à 89
	9		1 à 9 et le 90
	0	il faut jouer la finale 0 et le n°. 1.

Pour que l'actionnaire ne quitte pas son opération , pour aller chercher la vérité au tableau des tirages de Paris et ceux de Bruxelles , on va lui mettre aussi sous les yeux les tirages qui lui serviront à découvrir la bonté de cette cabale.

Tirages de Bruxelles.

Du	7 frimaire,	39	62	68	63	21.
Du	17	16	64	52	73	29.
Du	27	66	16	5	57	58.
Du	7 nivôse ,	57	62	75	85	27.

Tirages de Paris.

Du	15 frimaire,	36	24	44	19	47.
Du	25	44	19	6	48	35.
Du	5 nivôse,	61	83	52	80	75.

On voit donc que le chiffre 1 indicateur ayant sorti le dernier , au premier tirage du rétablissement de Bruxelles , il faut prendre pour le tirage suivant, à Paris , les numéros 10 jusques et compris le numéro 19.

Il est sorti aux tirages suivans, à Paris , le numéro 19 , et à Bruxelles le numéro 16.

Le dernier numéro du tirage du 15 frimaire, à Paris , son dernier chiffre *indicateur* est 7 , et les numéros *revenans* sont 70 à 79 , qu'il falloit jouer au tirage du Bruxelles , le 17 suivant , qui a donné 73.

Le dernier chiffre du tirage du 17 , à Bruxelles , est 9 indicateur , a donné pour *revenans* , au tirage du 25 frimaire suivant, à Paris , le numéro 6, et à celui de Bruxelles suivant le numéro 5..

Le tirage de Paris, du 25 frimaire, son dernier chiffre *indicateur* est 5, puisque c'est le numéro 35 qui est sorti, a donné au tirage de Bruxelles, le 27 frimaire suivant, le 57 et le 58, et à Paris, au tirage du 5 nivôse, le numéro 52.

Le tirage de Bruxelles, du 27 frimaire, dont le dernier chiffre est 8 indicateur, a donné à Paris, le 5 nivôse, les numéros 80 et 83 dits *des revenans*, et à Bruxelles, le 7 nivôse, le numéro 85 *des revenans*.

Le tirage du 5 nivôse, à Paris, le dernier chiffre indicateur est le 5 *des revenans*, a donné au tirage du 7 nivôse, de Bruxelles, le numéro 57 *des revenans*.

Observation essentielle. Pour suivre ce jeu, il faut, comme on le voit à la table, prendre pour indicateur le résultat du dernier chiffre du dernier tirage, soit qu'il ait ou non produit. Ainsi l'on peut cabaler le dernier chiffre d'un tirage de Paris pour le tirage suivant de Bruxelles, et de Paris pour Bruxelles.

Deuxième cabale des Revenans.

Cette Cabale consiste à cabaler les numéros du dernier tirage de Bruxelles pour le tirage suivant à Paris, et le tirage de Paris pour celui de Bruxelles ; de cabaler aussi les numéros du dernier tirage de Paris pour Paris, et ceux de Bruxelles pour Bruxelles.

E X E M P L E.

Les numéros du tirage du 7 frimaire à Bruxelles, sont : 39. 62. 68. 63. 21.

La Cabale est. . . . 26. 86. 36. 12.

— Le numéro 39 ne peut se cabaler.

Le 36 de la Cabale de Bruxelles est sorti au tirage de Paris le 15 frimaire.

Les numéros du tirage du 17 frimaire à Bruxelles, sont : 16. 64. 52. 73. 29.

Cabale . . 61. 46. 25. 37. Le 29 ne peut se cabaler.

Le numéro 61 de la cabale de Bruxelles est sorti au tirage du 5 nivose à Paris.

Les numéros du tirage du 27 frimaire de Bruxelles sont : 66. 16. 5. 57. 58.

Cabale . . . . 61. . . . 75. 85.

Les numéros 66 et 5 ne peuvent se cabaler.

Les numéros 75 et 85 de la cabale du tirage du 27 frimaire à Bruxelles, sont sortis au tirage de Bruxelles du 7 nivose.

Les numéros du tirage du 5 nivose à Paris, sont : 61 83 52 80 75.

Cabale . 16 38 25 80 57

Le 80 ne peut se cabaler.

Le numéro 57 de la cabale de Paris est sorti au tirage du 7 nivose à Bruxelles.

Les numéros 61 et 75 de la cabale du 27 frimaire à Bruxelles, sont sortis au tirage du 5 nivose à Paris.

JEU DES SYLPHES *dits* JUMEAUX.

Leur nombre est de huit ; ils se jouent par extrait et ambe simple , quoiqu'on puisse également jouer les autres chances ; mais elles sont incertaines , et les deux premières , au contraire , sont très-favorables , parce qu'il sort souvent un et deux sylphes à un seul tirage. Ce jeu est bon à Paris comme à Bruxelles , en observant cependant d'attendre pour Bruxelles un tirage de plus en retard pour faire sa mise, qu'au tirage de Paris.

Numéros qui les composent :

11.   22.   33.   44.   55.   66.   77.   88.

JEU DES GNOSMES.

Ce sont tous les zéros réunis à leurs dixaines respectives. Nous ne pouvons concevoir pourquoi Cagliostro leur a donné le nom de Gnosmes. Quoi qu'il en soit , ces Gnosmes sont des numéros très-heureux ; ils sont au nombre de neuf , que voici :

10.   20.   30.   40.   50.   60.   70.   80.   90.

Comme les Sylphes , la manière la plus avantageuse de les jouer est par extrait simple et ambe ; ce jeu est plus avantageux à jouer à Paris qu'à Bruxelles ; il faut aussi attendre pour Bruxelles, un tirage de plus qu'à celui de Paris.

JEU DU GLOBE CELESTE.

De l'union des Sylphes et des Gnosmes , dont nous venons de parler , Cagliostro forme son jeu du Globe Céleste , comme il suit :

Numéros   10   11   20   22   30   33   40   44   50   55   60   66   70   77   80   88   90.

Liés ensemble, on les peut jouer par extrait , ambe et terne ; et l'on peut également jouer l'extrait déterminé , si on veut remarquer les sorties sur lesquelles ces numéros sont en retard.

Pour l'intelligence et la commodité de nos lecteurs , nous allons mettre sous leurs yeux un tableau indicatif du nombre de fois que ces numéros ont parus à Paris et à Bruxelles, et des observations y relatives, tant sur les tirages de Paris que sur ceux de Bruxelles ; ensuite nous donnerons deux tables ; la première contiendra la conjonction des Sylphes avec les Gnosmes, et des Gnosmes avec les Sylphes, depuis 1758 jusqu'au tirage du 5 nivose an 9, (seulement de Paris) ainsi que ceux de ces numéros qui n'ont point fait ambe entr'eux à Paris.

La deuxième contiendra (pour Paris seulement) le nombre de leurs sorties déterminées.

Rapport et influence du lever et du coucher du soleil avec et sur la sortie des nombres à la Loterie Nationale de France, et autres Loteries composées de 90 numéros.

M OIS.

AVRIL. — Le soleil est dans le Bélier jusqu'au 19, jour où il entre dans le Taureau.
Se lève à 5 heures 4 minutes.
Se couche à 6 heures 5 minutes.

MAI. —— Le soleil est dans le Taureau jusqu'au 10, jour où il entre dans les Jumeaux.
Se lève à 4 heures 18 minutes.
Se couche à 7 heures 43 minutes.

JUIN. —— Le soleil est dans les Jumeaux jusqu'au 21, jour où il entre dans l'Ecrevisse.
Se lève à 3 heures 57 minutes.
Se couche à 8 heures 3 minutes.

JUILLET. — Le soleil est dans l'Ecrevisse jusqu'au 22, jour où il entre dans le Lion.
Se lève à 4 heures 16 minutes.
Se couche à 7 heures 43 minutes.

AOUST. ——Le soleil est dans le Lion jusqu'au 22, jour où il entre dans la Vierge.
Se lève à 5 heures 1 minute.
Se couche à 6 heures 58 minutes.

SEPTEMBRE. Le soleil est dans la Vierge jusqu'au 22, jour où il entre dans la Balance.
Se lève à 5 heures 56 minutes.
Se couche à 6 heures 3 minutes.

OCTOBRE. – Le soleil est dans la Balance jusqu'au 22, jour où il entre dans le Scorpion.
Se lève à 6 heures 49 minutes.
Se couche à 5 heures 11 minutes.

NOVEMBRE. Le soleil est dans le Scorpion jusqu'au 21, jour où il entre dans le Sagittaire.
Se lève à 7 heures 3 minutes.
Se couche à 4 heures 25 minutes.

DÉCEMBRE. Le soleil est dans le Sagittaire jusqu'au 21, jour où il entre dans le Capricorne.
Se lève à 7 heures 55 minutes.
Se couche à 4 heures 5 minutes.

JANVIER. – Le soleil est dans le Capricorne jusqu'au 19, jour où il entre dans le Verseau.
Se lève à 7 heures 37 minutes.
Se couche à 4 heures 24 minutes.

FÉVRIER. —Le soleil est dans le Verseau jusqu'au 18, jour où il entre dans les Poissons.
Se lève à 6 heures 52 minutes.
Se couche à 5 heures 9 minutes.

MARS. ——Le soleil est dans les Poissons jusqu'au 20, jour où il entre dans le Bélier.
Se lève à 5 heures 57 minutes.
Se couche à 6 heures 4 minutes.

Par le nombre des heures du lever et du coucher du soleil, ainsi que par le dernier chiffre des minutes, on obtient une cabale des plus simples, qui indique les finales qu'on doit jouer à la Loterie. Pour cela, on prend le chiffre de l'heure du lever et celui du coucher du soleil, ainsi que le dernier des minutes ; ces trois nombres vous donnent trois finales bonnes à jouer sur les deux tirages du mois dans lequel on se trouve.

EXEMPLE ET PREUVE.

Au mois d'Août nous prenons le nombre 5, heure du lever ; 6, heure du coucher, et 8, dernier chiffre des minutes ; ce qui nous donne les numéros 5, 6 et 8.
Voyons maintenant si ces finales ont produit au mois d'Août dernier.

Tirages du mois d'Août 1791.

Premier tirage :
5. 33. 72. 27. 40.   La finale 5 a donné l'extrait.
Second tirage :
5. 73. 79. 20. 46.   Deux finales ont donné deux extraits et un ambe 5 et 46.

En Septembre 1791 les finales 5, 6 et 3 sont indiquées.

Premier tirage :
17. 18. 53. 37. 83.   La finale 3 indiquée par l'heure du lever et du coucher du Soleil dans ce mois, a donné deux extraits et un ambe.
Second tirage :
51. 67. 46. 80. 55.   Deux finales ont donné deux extraits et un ambe par 46 et 55, et de même pour les autres mois.

TABLEAU du jeu du Globe céleste.

PARIS.		BRUXELLES.	
Nᶜˢ. 10 nombre de sorties	39	Nᵒˢ. 10 nombre de sorties	43
11	43	11	45
20	38	20	43
22	50	22	42
30	46	30	41
33	35	33	41
40	45	40	49
44	46	44	36
50	42	50	49
55	34	55	50
60	35	60	38
66	38	66	51
70	36	70	35
77	34	77	40
80	39	80	47
88	52	88	45
90	43	90	44
	695		739
	extraits.		extraits.

Observations. — 704 tirages de Paris faits
jusques et compris le 5 nivose an 9, ont produit 695 extraits ; ce qui fait, comme on
voit, un extrait par tirage moins 9 numéros.

A Bruxelles les sept cent quatre-vingt-huit
tirages anciens, ont produit 739 extraits, ce
qui fait un extrait par tirage moins 49 numéros; d'où l'on peut conclure qu'il faut pour
les tirages de Bruxelles, attendre un tirage
de plus qu'à Paris pour jouer cette cabale.

PREMIÈRE TABLE.

Conjonction des Sylphes avec les Gnosmes, et des Gnosmes avec les Sylphes, depuis 1758, jusqu'au tirage du 5 nivose an 9 à Paris.

SYLPHES.

11	N'est point encore sorti avec	33
	Vient le plus souvent avec	70 88 90
22	A été en retard jusqu'au 16 avril 1793 avec	50
	Vient le plus souvent avec	33 88
33	N'est pas encore sorti avec	11 60
	Vient le plus souvent avec	22 88
44	N'est pas encore sorti avec	40 70
	Vient le plus souvent avec	88
55	N'est pas encore sorti avec	10 66 70 88
	Il sort presque toujours seul	
66	N'est pas encore sorti avec	30 55 77
	Vient le plus souvent avec	11 22 33 88 90

77.	N'est pas encore sorti avec..............						66
	Vient le plus souvent avec...........	11	20	40	70	88	
88	N'est pas encore sorti avec..............						55
	Vient le plus souvent avec........	11	22	30	44	90	

GNOSMES.

10	N'est jamais sorti avec................					55	60
	Est le plus souvent sorti avec............		30	50	70	90	
20	A été en retard jusqu'en Février 1792 avec............						30
	Sort le plus souvent avec............				40	80	90
30	N'est jamais sorti avec............					66	90
	Sort le plus souvent avec............				10	60	88
40	N'est jamais sorti avec............						44
	Sort le plus souvent avec............						20
50	N'est jamais sorti avec............						90
	Sort le plus souvent avec............					10	70
60	N'est jamais sorti avec............	10	33	55	70	80	90
	Sort le plus souvent avec............						30

70	N'est jamais sorti avec......................	44	60				
	Sort le plus souvent avec...........	10	11	50	90		
80	N'est jamais sorti avec......................	60					
	Sort le plus souvent avec................	90					
90	N'est jamais sorti avec......................	30	50	60			
	Sort le plus souvent avec......	10	11	20	33	55	66
		70	80	88			

DEUXIÈME TABLE.

Sorties du Jeu du Globe Céleste, à Paris, depuis 1758 jusques et compris le 5 nivose an 9.

SYLPHES.

	Sur la 1re.	*Sur la 2me.*	*Sur la 3me.*
11. —	7 fois.....	14 fois.....	13 fois.......
22. —	8 fois.....	11 fois.....	12 fois......
33. —	10 fois......	7 fois.....	6 fois......
44. —	9 fois....	10 fois.....	6 fois......
55. —	7 fois......	4 fois......	2 fois......
66. —	5 fois.....	10 fois.....	7 fois......
77. —	10 fois......	9 fois.....	6 fois......
88. —	9 fois......	8 fois.....	12 fois......

	Sur la 4eme.	*Sur la 5eme.*
11. —	4 fois............	5 fois...........
22. —	8 fois...........,	11 fois...........

	Sur la 4eme.	*Sur la 5eme.*
33. —	4 fois.........	7 fois.........
44. —	9 fois.........	12 fois.........
55. —	8 fois.........	13 fois.........
66. —	8 fois.........	8 fois.........
77. —	3 fois.........	6 fois.........
88. —	13 fois.........	10 fois.........

GNOSMES.

	Sur la 1re.	*Sur la 2me.*	*Sur la 3me.*
10. —	6 fois......	9 fois......	7 fois......
20. —	7 fois......	4 fois......	5 fois......
30. —	5 fois......	14 fois......	12 fois......
40. —	11 fois......	11 fois......	9 fois......
50. —	5 fois......	8 fois......	13 fois......
60. —	6 fois......	6 fois......	8 fois......
70. —	8 fois......	4 fois......	8 fois......
80. —	10 fois......	6 fois......	11 fois......
90. —	7 fois......	8 fois......	11 fois......

	Sur la 4eme.	*Sur la 5eme.*
10. —	6 fois.........	11 fois.........
20. —	9 fois.........	13 fois.........
30. —	7 fois.........	8 fois.........
40. —	4 fois.........	10 fois.........
50. —	9 fois.........	7 fois.........
60. —	10 fois.........	5 fois.........
70. —	6 fois.........	10 fois.........
80. —	3 fois.........	9 fois.........
90. —	10 fois.........	7 fois.........

De tous les nombres à jouer par extraits déterminés, ceux qui composent ce jeu sont à préférer.

1°. Parce qu'ils sont en plus petit nombre que ceux que l'on pourrait jouer réunis sur cette chance, puisqu'ils ne sont que dix-sept.

C'est pourquoi nous avons donné les tables ci-dessus, qui font connaître combien de fois chacun d'eux est venu sur chaque sortie, combien ils ont paru de fois à Paris depuis 1758, jusques et compris le tirage du 5 nivose an 9, afin que les actionnaires puissent voir, d'un coup-d'œil, ceux qui sont les plus heureux, et les sorties auxquelles ils sont le plus affectionnés.

Quant aux extraits déterminés de cette cabale pour les tirages de Bruxelles, et autres loteries composées de 90 numéros, on peut les jouer avantageusement; il ne s'agit que de choisir la sortie la plus en retard.

Les actionnaires suivent presque toujours les numéros qui n'ont pas sorti de la roue de fortune depuis long-tems; cette méthode est bonne et mauvaise.

Elle est bonne, quand un actionnaire veut prendre un numéro attendu depuis long-tems; et que, jusqu'au moment où il l'adopte, il ne l'a pas encore joué.

Elle est mauvaise, quand, pendant le tems de son éclipse, il l'a joué à chaque tirage, même quand il aurait eu de gros capitaux, et qu'il l'aurait joué à la martingale; parce qu'il est possible que, quelques tirages avant la sortie, l'actionnaire ait épuisé ses fonds.

Nous pensons qu'il est avantageux de jouer, de préférence, les numéros les plus heureux.

SEPTIÈME CABALE.

JEU DES ANTIPODES.

Ce jeu est très-heureux sur la chance des ambes; ce qu'on peut vérifier par les tirages de la Loterie de France et de Bruxelles. Il ne peut être joué avantageusement par extrait simple, puisqu'il est composé de vingt-un numéros, et qu'alors il fait perdre sept mises s'il n'en sort qu'un.

Ce jeu n'est bon, absolument, que pour ceux qui ont de gros capitaux, et qui veulent s'en faire un revenu de cent pour cent.

Cette cabale est on ne peut plus facile. Quelques mots suffiront pour l'intelligence de nos lecteurs.

Le numéro 6 retourné donne 9 ; on marie donc ces nombres 6 et 9 à toutes les unités, de la manière suivante :

EXEMPLE.

16	19	61.
26	29	62.
36	39	63.
46	49	64.
56	59	65.
67	76	79.
68	86	89.

Ces vingt-un extraits donnent { 210 ambes. 1330 ternes.

Observation essentielle relative à la Cabale des Antipodes sur les tirages de Bruxelles et sur ceux de Paris.

Pour fixer les actionnaires dans leur choix, nous allons leur présenter un relevé que nous avons fait sur les cent premiers tirages de Paris, et sur les cent premiers tirages de Bruxelles.

Les cent premiers tirages *de Paris* ont donné de cette cabale 120 extraits, 51 ambes et 9 ternes, en supposant que ces 21 numéros eussent été joués liés ensemble.

Aux mêmes tirages de Paris ils ont produit, en séparant les mises par trois numéros, comme à l'exemple ci-dessus, onze ambes et un terne, indépendamment des 120 extraits.

Les cent premiers tirages de Bruxelles ont produit 106 extraits, 48 ambes et 8 ternes, en supposant, comme ci-dessus, que ces 21 numéros eussent été joués liés ensemble.

Aux mêmes tirages de Bruxelles ils ont produit, en les séparant par trois numéros, comme à l'exemple, 8 ambes et point de terne, indépendamment des 106 extraits.

Quoique nous ayons donné pour exemple les cent premiers tirages, nous assurons qu'ils s'en trouve encore de plus avantageux.

Nous avons remarqué aussi que dans la suite des tirages, les ternes et quaternes étaient plus fréquens à Bruxelles qu'à Paris; que même le 231.e tirage de Bruxelles donna le quine, et que Paris a été en retard sur cette chance jusqu'au 688.e, où cette cabale donna le quine; enfin, le premier tirage du rétablissement de Bruxelles a donné encore le quaterne.

Les actionnaires peuvent jouer tout ou partie de ces numéros, par extraits, ambes et ternes; mais, nous le répétons, la chance des ambes est la plus avantageuse. On peut cependant jouer l'extrait, si on veut n'adopter que deux ou trois parties, des sept qui composent

la totalité de la cabale ; c'est alors à l'actionnaire à se fixer à celles qui sont le plus en
retard, ou qui lui paraîtront devoir être les
plus heureuses.

Réflexion. — Si vous voyez, d'un côté, le
gros bénéfice que Cagliostro faisait en jouant
ses cabales, n'oubliez pas non plus, de l'autre
côté, la prudence qu'il mettait pour jouer
avec avantage les cabales que l'on présente
aujourd'hui au public. Cagliostro était aussi
froid en faisant ses calculs et ses mises, qu'un
négociant dans son commerce, qui calcule
les différens évènemens probables pour arriver
à la fortune.

JEU DES FINALES,

*Pour toutes les Loteries composées de 90
numéros.*

Le jeu des Finales ne se joue que par extraits
simples et déterminés. On appelle finales tous
les nombres qui sont terminés par le même
chiffre.

EXEMPLE.

7   17   27   37   47   57   67   77   87.

Et ainsi des autres.

Il y a neuf finales, composées chacune de
neuf numéros. Différentes cabales indiquent
celles auxquelles on doit se fixer, et sur quelle
sortie on doit les déterminer.

*Cabale qui indique quelle Finale on doit jouer
par extrait simple.*

Prenez la valeur du premier numéro du

tirage précédent, ajoutez le commandeur, ou premier numéro du second extrait, et additionnez le tout ensemble.

EXEMPLE.

Le premier mars 1791, les numéros sortis sont :

77   25   58   63   36.

Le premier extrait est 77, le second 25; additionnez les deux sept ensemble, cela fera quatorze; ajoutez le premier chiffre du deuxième extrait, qui est 2, avec le nombre 14, cela fait 16; la finale 6 est donc indiquée pour le tirage suivant, et elle est sortie par le 66.

Le 16 mars les numéros furent :

68   47   12   66   48.

Les deux premiers chiffres du premier extrait 6 et 8 font 14, et le 4 du second extrait fait 18. La finale 8 a donné au tirage suivant deux extraits et un ambe, par 28 et 8. Ces deux exemples suffiront pour démontrer l'utilité de ces cabales.

Chaque sortie de numéros donne six mises de bénéfice, si on joue l'extrait simple. C'est la chance la plus avantageuse, en ce qu'elle est certaine. On peut cependant aussi jouer les ambes. Cette combinaison en donne assez fréquemment.

Observations comparatives sur le jeu des finales sorties tant à Paris qu'à Bruxelles.

Comme les nouveaux éditeurs se sont attachés à faire connaître aux actionnaires les résultats et les comparaisons qu'il y avait entre les cabales faites par Cagliostro, pour les tirages de Paris et ceux de Bruxelles, il est nécessaire aussi , pour complětter cette tâche , qu'ils mettent sous les yeux de leurs lecteurs les observations suivantes :

Les 704 *tirages de Paris* ont produit sur les finales quarante ternes.

La finale 1	68 ambes.	La fin. 6	62 amb.
La finale 2	72 ambes.	La fin. 7	81 amb.
La finale 3	62 ambes.	La fin. 8	52 amb.
La finale 4	52 ambes.	La fin. 9	59 amb.
La finale 5	54 ambes.	La fin. 0	63 amb.

Total des ambes sur les finales sorties à Paris , 625

Les *tirages de Bruxelles* ont produit 32 ternes dans les 704 premiers tirages , et environ 660 ambes ; mais ce que les tirages de Bruxelles ont perdu en ternes , on voit qu'ils les ont rendu en ambes , puisque la totalité des ambes aux tirages de Paris , n'a produit que 625 ambes.

Bruxelles a donné en outre un quaterne par la finale 8 , au cent quinzième tirage.

Quant aux chances déterminées sur le jeu des finales, le plus sûr est de jouer l'extrait seulement sur la sortie qui n'aura point donné depuis long - tems une finale , soit à Paris , soit à Bruxelles.

JEU DES DIXAINES,

Pour Bruxelles et Paris.

Ce jeu consiste à adopter une dixaine ; il ne s'agit que de choisir la plus heureuse.

Pour déterminer les actionnaires à jouer ce jeu avec avantage , nous allons leur mettre sous les yeux le tableau des numéros de chaque dixaine sortie tant à Paris qu'à Bruxelles.

Tableau des dixaines.

Sorties des dixaines à *Paris* pendant 704 tirages.

	n^{os}			nomb. de sort.
1re. dix.	1 à 10	a donné	383 ext.
2e.	11 à 20	— — —	312
3e.	21 à 30	— — —	385
4e.	31 à 40	— — —	420
5e.	41 à 50	— — —	383
6e.	51 à 60	— — —	368
7e.	61 à 70	— — —	393
8e.	71 à 80	— — —	400
9e.	81 à 90	— — —	415

Sorties des dixaines à *Bruxelles* pendant 704 tirages.

	n^{os}			nomb. de sort.
1re. dix.	1 à 10	a donné	367 ext.
2e.	11 à 20	— — —	388
3e.	21 à 30	— — —	399
4e.	31 à 40	— — —	386
5e.	41 à 50	— — —	392
6e.	51 à 60	— — —	396
7e.	61 à 70	— — —	386
8e.	71 à 80	— — —	394
9e.	81 à 90	— — —	412

D'après ce tableau, et la vérification que l'on peut faire sur les tirages, l'on voit que les dixaines de 31 à 40, 71 à 80 et 81 à 90, *pour Pàris* , ont donné chacune de deux tirages en deux tirages , un numéro , et de 8 tirages en 8 tirages , un numéro encore en sus.

A Bruxelles les dixaines de 21 à 30 , de 51 à 60, de 71 à 80 et de 81 à 90, sont sorties dans les mêmes proportions que les dixaines de Paris , dont on vient de faire mention ci-dessus.

Alliage des finales avec les dixaines , pour toutes les Loteries composées de 90 numéros.

On suit ce jeu par extrait simple et par extrait déterminé.

Par extrait simple.

On prend moitié d'une finale et moitié d'une dixaine , pour les jouer ensemble , ce qui donne neuf extraits , parce qu'on n'en doit prendre que quatre dans les finales, qui toutes n'ont que neuf numéros.

Par extrait déterminé.

On a 18 numéros : il faut considérer la sortie sur laquelle , ou les sorties sur lesquelles ces numéros sont le plus en retard , pour les y déterminer.

Ces numéros peuvent être joués sur trois sorties au plus.

Pour choisir la finale et la dixaine qu'il faut suivre par extrait déterminé , il est nécessaire de voir depuis combien de tirages elle n'a pas donné sur les sorties ; et alors on se fixe à celle qui a été le plus long-tems sans paraître sur une ou deux.

Alliages.

La finale 1. se joue avec la première dixaine
ou la deuxième.

La finale 2 .... avec la vingtaine.
La finale 3 .... avec la trentaine.
La finale 4 .... avec la quarantaine.
La finale 5 .... avec la cinquantaine.
La finale 6 .... avec la soixantaine.
La finale 7 .... avec la septantaine.
La finale 8 .... avec la dixaine de 80.
La finale 9 .... avec la dixaine de 50.

Ce jeu ne donne que 18 numéros, quoiqu'il
y en ait réellement 19 ; mais il y en a toujours un
qui se trouverait répété, et qu'on supprime en
conséquence dans la dixaine.

JEU DES MATELOTS.

Ce jeu consiste à prendre le numéro au-
dessous et celui au-dessus d'un numéro sorti
depuis très-long-tems.

EXEMPLE.

Le numéro 45 qui n'est pas encore sorti à
Paris depuis le rétablissement de la Loterie
jusqu'à ce jour 15 nivose, ce qui fait soixante-
seize tirages,

Les matelots sont 44 et 46.

Supposons que l'on n'a joué les matelots
que depuis 15 tirages ; hé bien, les matelots
ont donné par le 44, quatre extraits.

JEU DES PAIRS OU IMPAIRS,

Sur les extraits déterminés.

Ce jeu est bon à jouer à toutes les Loteries composées de 90 numéros.

Cette manière de mettre à la Loterie est la plus certaine de toutes, puisque les actionnaires ne jouent qu'un contre un. Lorsqu'on a des fonds suffisans pour pouvoir martingaler jusqu'aux sixième ou septième tirage, on a la certitude la plus immanquable de gagner toutes les années 100 pour 100. Depuis l'existence de la Loterie, ce jeu n'a jamais passé huit tirages sans donner. Il faut donc toujours mettre les choses au pis, et supposer qu'on puisse être six ou sept tirages sans obtenir le numéro fortuné.

Ce jeu consiste à adopter les quarante-cinq pairs ou impairs des quatre-vingt-dix numéros de la Loterie, et à les suivre, en martingalant, sur la première sortie. Nous allons donner un exemple du produit et de la certitude de cette chance.

Le 17 Janvier 1791 j'adoptai les quarante-cinq impairs. Je les jouai, sur la première sortie, à dix sols chacun, ce qui me fit une mise de vingt-deux livres dix sols. J'eus le numéro 7 au tirage du premier Février, et il me rapporta douze livres dix sols de bénéfice. Le premier Février je continuai ma mise, toujours à dix sols, l'extrait déterminé sur la première sortie. Le 16 Février je perdis. Il faut tripler sa somme à chaque tirage perdant. Ma deuxième mise fut donc à une livre dix sols l'extrait, ce qui fit soixante-sept livres dix sols ; j'eus au tirage suivant le 77, qui me donna cent cinq liv. Mes deux mises se montaient à quatre-vingt-dix livres ; reste quinze livres de bénéfice. Je perdis au tirage du 16 Mars, et je gagnai deux fois de suite aux tirages des premier et 16 Avril ; et ainsi de suite. Remarquez bien que chaque fois qu'on gagne, on doit remettre les extraits à dix sols, pour éviter, en martingalant, de porter les mises à une somme trop forte. Cet avis est pour ceux qui n'ont pas de gros fonds, et qui se contentent d'un bénéfice honnête.

Lorsqu'on voudra suivre ce jeu bien plus avantageusement encore, on le commencera lorsque les pairs ou impairs auront été trois ou quatre tirages sans sortir. Alors on peut commencer sa mise à une somme plus forte ; et tant qu'un des numéros joués ne sort pas, ce qui ne peut guères aller au-delà de trois tirages, au lieu de tripler, en martingalant, on peut quadrupler.

Exemple de ce produit, en trois tirages.

Ext. à 3 l. Total de cette mise 135 l. Prod. 210 l.
Ext. à 23 l. Total.........540 l. Prod. 840 l.
Ext. à 48 l. Total.. ......2160 l. Prod. 3360 l.
____
Total de toutes les mises... 2835 l. Bénéf. 525 l.

CABALES ARABES D'OROMASIS.

Noms des Cabales.

De Binité . . .	11
Arabe 1*ere*. . .	12 21
Arabe 2*eme*. . .	13 22 31
De Charles-Quint.	14 23 32 41
Des Séraphins .	15 24 33 42 51
Des Machabées.	16 25 34 43 52 61
Des effets joyeux.	17 26 35 44 53 62 71
Du Scheik Elbulud	18 27 36 45 54 63 72 81
Des Puissances.	19 28 37 46 55 64 73 82
Arabe 3*eme*.	29 38 47 56 65 74 83
Des Apôtres . .	39 48 57 66 75 84
Arabe 4*eme* . .	49 58 67 76 85
Arabe 5*eme*. . .	59 68 77 86
Arabe 6*eme*. . .	69 78 87
Arabe 7*eme*. . :	79 88
Oméga	89

Ces cabales sont également bonnes pour toutes les Loteries de 90 numéros.

Il ne s'agit que d'examiner celle qui n'a point donné depuis long-tems. Les six cabales du milieu ont donné à Bruxelles comme à Paris considérablement d'extraits , d'ambes et même de ternes.

C'est par ce calcul que le fameux Oromasis, dit Cagliostro , a découvert les colonnes ci-après , et les jeux différens qui lui ont fait gagner tant d'or à la Loterie.

COLONNES

CABALISTIQUES

DE CAGLIOSTRO.

OBSERVATION

Sur les colonnes cabalistiques de Cagliostro.

Avant de donner les colonnes cabalistiques de Cagliostro sur les extraits déterminés pour les tirages de Paris et autres Loteries composées de 90 numéros, les Editeurs de cette édition croyent devoir prévenir les Lecteurs qu'ils y trouveront en tête des cabales également faites par Cagliostro pour les tirages de Bruxelles, et autres loteries étrangères.

Ces nouvelles cabales n'avoient pû être insérées dans les éditions précédentes, puisqu'elles avoient été faites particulièrement par Cagliostro pour les tirages de Bruxelles, et que cette Loterie n'existoit plus ; mais aujourd'hui que les tirages de Bruxelles sont rétablis, et que nous connoissons la bonté de ces cabales, les Actionnaires nous sauront gré de les leur mettre sous les yeux, comme nous l'avons déjà fait pour d'autres cabales non moins intéressantes.

Iʳᵉ. CABALE EGYPTIENNE,

Dite de Pompée,

Composée de trente numéros; bonne à jouer pour les tirages de Bruxelles, par extrait déterminé à la première sortie.

Colonne de Pompée.	Ce jeu donne ordinairement tous les vingt à vingt-quatre tirages, 10 à 12 extraits déterminés; mais pour avoir un très-gros bénéfice, et jouer plus sûrement, il ne faut faire ses mises qu'après trois ou quatre tirages où cette cabale n'aura point donné; alors vous êtes sûr de gagner beaucoup en martingalant de la manière suivante.

Colonne de Pompée :

9
13
22
23
25
26
29
32
34
36
40
42
50
51
53
55
57
58
60
66
68
73

E X E M P L E.

	Dépens.	Revenus	Bénéf.
1ᵉʳ. Tirage, les 30 numéros à 3 l. l'extr. ci	90	210	120
2ᵐᵉ. Tirage, s'il n'est rien sorti, il faut jouer l'extrait à 9 l. ci . . .	270	630	270
3ᵐᵉ. Tirage, s'il ne sort rien, les extraits à 27 l. ci	810	1890	720

P R E U V E.

Mises ou dépenses des trois tirages 1170 l.
Revenus d'un extrait au troisième
    tirage 1890*
Bénéfice net 720
                        1890*

Suite de la Colonne de Pompée.
74
84
85
86
87
88
89
90

Les Actionnaires plus fortunés, et ceux moins fortunés, peuvent, à leur volonté, jouer dans les mêmes proportions. Pour jouer avec prudence, il faut toujours se ménager des fonds, dans le cas où cette cabale pourroit retarder à paroître.

D'après l'examen que nous avons fait de cette cabale, elle a donné, dans 704 tirages à Bruxelles, environ 350 fois; ainsi les actionnaires peuvent apprécier eux-mêmes le bénéfice qu'a dû faire Cagliostro en jouant de la manière indiquée ci-dessus.

IIe. CABALE EGYPTIENNE,
DITE DE JÉRUSALEM.

Colonne de Jérusalem.
4
7
11
22
25
27
29
33
37
38
40
41
42
45
49
51
54
56
57
58
61
65
66
69
71
74
78
81
86
89

Cette cabale est composée de 30 numéros ; bonne à jouer à la deuxième sortie, par extrait déterminé, pour les tirages de Bruxelles.

Cette colonne étoit une de celles adoptée par Cagliostro, lorsqu'il voyageoit chez l'étranger, et qu'il s'y rencontroit, soit des loteries de 90 numéros, ou tout autre jeu particulier, composé également de 90 numéros, ou de 90 figures quelconques. Dans ce dernier cas, il appliquoit à chacune des figures un numéro de cabale, et cela lui réussissoit toujours.

Nous observons que cette cabale, que nous avons vérifiée, rapporte au moins autant que celle Egyptienne dite de Pompée.

IIIᵉ. CABALE EGYPTIENNE, DITE DE MAHOMET.

Colonne de Mahomet.	
1	*Cette cabale est composée de 30 numéros ; bonne à jouer par extraits déterminés à la troisième sortie, au tirage de Bruxelles.*
6	
10	
11	
15	
16	
17	
20	
23	
24	
29	
32	
34	
35	
42	
50	
55	
59	
63	
64	
66	
71	
73	
78	
80	
81	
85	
87	
88	
89	

Cette cabale a été tirée, par Cagliostro lui-même, des figures hiéroglyphyques qui se trouvent au bas du tombeau de Mahomet.

Comme rien n'indiquoit pour quelle loterie cette cabale a été faite, nous l'avons vérifiée sur les tirages de Paris, Bruxelles et les autres loteries étrangères ; nous avons trouvé qu'elle pouvoit s'appliquer aux tirages de Bruxelles, avec beaucoup d'avantage ; il ne s'agit que d'attendre, avant de faire ses mises, quatre tirages où ces numéros n'auroient point parus à la troisième sortie.

Observations. Dans les 789 tirages anciens de Bruxelles, cette cabale a donné 331 extraits déterminés ; ce qui fait régulièrement, l'un dans l'autre, par cinq tirages, plus de deux extraits.

IVᵉ. CABALE ÉGYPTIENNE,
DITE DE SCIPION.

Colonne de Scipion.
1
5
6
7
10
12
15
17
24
25
26
29
32
34
42
43
45
49
52
55
65
67
71
72
74
79
81
85
89
90

Cette cabale est bonne à jouer à la quatrième sortie au tirage de Bruxelles.

Cette cabale est la plus productive de toutes celles qui existent, puisque, d'après la vérification, elle a donné à Bruxelles, dans les 788 tirages, 352 fois à la quatrième sortie; ce qui fait régulièrement par douze tirages, plus de cinq extraits.

En conséquence, on peut la jouer avec avantage quand elle n'a donné de quatre tirages, **en** observant toujours de ménager des fonds dans le cas qu'elle passe son période ordinaire.

V^e. CABALE EGYPTIENNE,
DITE DE PTOLÉMÉE.

Colonne de Ptolémée.
7
15
18
19
23
24
32
34
35
38
40
41
43
46
47
49
51
53
55
56
61
65
68
71
79
80
81
82
86
88

Cette Cabale est bonne à jouer à la cinquième sortie aux tirages de Bruxelles et autres Loteries de 90 numéros.

Quoique cette cabale soit indiquée par Cagliostro pour les tirages de Bruxelles, il nous a aussi averti qu'elle étoit bonne à jouer à toutes les Loteries composées de 90 numéros, en observant seulement un tirage de retard de plus pour les tirages étrangers à ceux de Bruxelles; de manière que, si vous jouez cette cabale pour Bruxelles, après quatre tirages où cette colonne n'aura point parue, il faudra la jouer pour toutes les autres loteries à cinq tirages de retard.

On verra par la vérification de cette cable, 349 extraits à la cinquième sortie dans 789 tirages de Bruxelles.

COLONNE UNIVERSELLE,

Pour toutes les Loteries

Colonne Universelle.	*Composées de 90 numéros ; à jouer à la 1ʳᵉ. sortie.*
9	Pour jouer cette cabale, il suffit seulement d'examiner la Loterie où elle est la plus en retard.
11	
12	
21	
22	
26	
29	
30	
32	
33	
36	
40	
42	
44	
47	
48	
50	
51	
53	
55	
60	
63	
66	
70	
73	
75	
76	
79	
81	
82	
84	
85	

COLONNE TRAJANNE

SUR LA PREMIÈRE SORTIE.

Colonne Trajanne.
1.
2.
6.
10.
12.
20.
21.
22.
24.
29.
32.
33.
40.
42.
48.
49.
51.
52.
53.
55.
61.
63.
67.
68.
73.
75.
76.
82.
84.
88.

Cette colonne n'a été faite par Cagliostro que pour les tirages de Paris.

Cette colonne, jouée à vingt sols par numéro, forme une mise de 30 livres.

Un numéro gagne 70 livres, ce qui fait 40 livres de bénéfice net.

EXEMPLE

Sur les tirages de Paris;

Qui fera connaître ce que cette colonne produit de bénéfice, en suivant le même prix de mise pendant une année.

Année 1786.

Sur vingt-quatre tirages, douze ont gagné, comme on peut le voir au tableau de rapprochement.

Le total de la mise est de. . . 720 l.
Le total de la recette est de . . . 840 l.
Celui du gain net est de . . . 120 l.

Si on jouait à 24 livres le numéro, on aurait cent-vingt louis de bénéfice.

Si on eût joué à la martingale, on eût gagné beaucoup au-delà.

Nous allons donner, ci-après, un exemple qui rendra sensible ce que le bénéfice peut produire en martingallant.

EXEMPLE SUR LA COLONNE TRAJANNE,

Qui servira pour les autres Colonnes.

	Mises par nos.	Total de la mise.	Recette	Bénéfice net.
Supposé jouer au premier tirage, sur chaque numéro de la colonnne Trajanne qui est composée de 30 numéros,	...1 l.	...30 l.	...70 l.	..40 l.
Au deuxième tirage, par nos ...	...4	..120	..280	.130
Au troisième tirage, par nos ...	..12	..360	..840	.330
Au quatrième tirage, par nos ...	..48	.1440	.3360	1410
Au cinquième tirage, par nos ...	.192	.5760	13440	5730

On a dépensé pour les cinq tirages... 7710 l.

On a reçu au 5e................. 13440 l.

Bénéfice net.......... .....5730 l.

Nota. C'est à l'actionnaire qui veut gagner 100 pour 100, à combiner ses mises en conséquence.

COLONNE DE CAGLIOSTRO.

Cette colonne est composée de 30 numéros à jouer sur la seconde sortie.

2.	Cette colonne est bonne pour tous les tirages composés de 90 numéros.
5.	
11.	Elle est connue de nom, et plusieurs actionnaires croyent la jouer dans les bureaux.
15.	
19.	
21.	Celle que les receveurs ont fait connaître n'est que de vingt-quatre numéros, et n'est pas celle dont Cagliostro faisait usage.
22.	
27.	
34.	
36.	Celle-ci portant de préférence le nom de cet homme célèbre et singulier, fut la première qu'il joua, et qu'il adopta de tout tems.
39.	
41.	
44.	
47.	Quoiqu'elle soit particulièrement affectée à la deuxième sortie, elle est cependant bonne à jouer sur toutes.
49.	
50.	
51.	Il ne faut qu'examiner celle sur laquelle elle est en retard.
53.	
56.	
61.	
63.	
64.	
66.	
67.	
73.	
75.	
76.	
82.	
84.	
88.	

COLONNE MÉDICIS.

Cette colonne doit se jouer sur la quatrième sortie ; elle est de vingt-quatre numéros.

14.
17.
24.
25.
32.
35.
36.
37.
48.
52.
53.
54.
59.
60.
68.
73.
74.
75.
78.
82.
84.
88.
89.
90.

Cette colonne est bonne à jouer à toutes les loteries, excepté à celle de Bruxelles pour laquelle elle est trop ingrate.

Elle donne quarante-six mises de bénéfice ; mais aussi elle paraît moins heureuse que les autres.

Quand elle a été quelques tirages sans donner, on peut la jouer seule ; cependant elle est excellente à jouer avec la Trajanne ; mais ces deux mises ne peuvent être faites que par de gros capitalistes. Ces deux colonnes réunies peuvent se jouer sur toutes les sorties

COLONNE D'ISPAHAN,

De trente numéros à jouer sur la cinquième sortie

3.	Cette colonne est bonne à toutes les loteries , excepté à celle de Bruxelles.
9.	
10.	
11.	Cette colonne se joue seule, et avec la Trajanne et la Médicis.
15.	
17.	Ces trois colonnes jouées ensemble donnent quatre-vingt-quatre extraits déterminés.
18.	
21.	
22.	S'il n'en sort qu'un , on perd quatorze mises.
26.	
30.	S'il en sort deux , on retire cent quarante mises, ce qui fait cinquante-six mises de bénéfice.
35.	
39.	
40.	S'il en sort trois , on retire deux cent dix mises, ce qui fait cent vingt-six mises de bénéfice.
44.	
46.	
47.	Le jeu de ces trois colonnes réunies, produit, année commune , un gain
50.	
51.	De 2040 l. en jouant à 6 l. le nº.
52.	De 2400 l. en jouant à 24 l. le nº.
56.	De 510 l. en jouant à 1 l. 10 s. le nº.
59.	Il y a des années qui ont produit beaucoup plus.
70.	
71.	
76.	
78.	
82.	
84.	
86.	
88.	

COLONNE DE ZOROASTRE,

Composée des jeux des Sylphes, des Jumeaux, des Apôtres et des Gnosmes.

Cette colonne se joue par extraits déterminés sur toutes les sorties.

Elle se joue encore par ambe, par terne et quaterne.

Colonne de Zoroastre, de 23 numéros, à jouer sur toutes les sorties.	Cette colonne est bonne à jouer à toutes les loteries, et de la manière indiquée ci-après.
	Quand on veut jouer cette colonne par extraits déterminés, il faut bien examiner la sortie sur laquelle elle est le plus en retard, et la jouer sur celle-là.
10. 11. 12. 20. 22. 30. 33. 39. 40. 44. 48. 50.	C'est le jeu le plus avantageux ; car on n'a que vingt-trois mises à faire, et on en gagne quarante-sept, en ne jouant que sur une sortie. Si on le joue sur deux, on n'a que quarante-six mises à faire, et l'on gagne, 1.° Par la sortie d'un numéro, sur la sortie désignée .... 24 mises. 2.° Par la sortie de deux numéros, sur celles désignées .... 94 mises Si on suit ce jeu, sur

Suite de la colonne de Zoroastre, de 23 numéros, à jouer sur toutes les sorties.
55.
57.
60.
66.
70.
75.
77.
80.
84.
88.
90.

trois sorties, et qu'il n'y ait qu'un gagnant, on a de bénéfice................ 1 mise.

S'il y a deux gagnans, le bénéfice est de......... 71 mises

S'il y a trois gagnans, le bénéfice est de.........111 mises.

La mise, sur trois sorties, est de soixante-neuf livres.

La colonne de Zoroastre peut se jouer aussi par ambes, ternes et quaternes.

C'est un jeu cher, à si bas prix qu'on le mette; mais on est sûr de gagner, année commune, au moins une dixaine d'ambes, et un terne, sans parler des quaternes et quines. Ce qu'on peut vérifier sur les tirages.

REMARQUE

REMARQUE IMPORTANTE.

Après avoir fait connaître à nos lecteurs les différentes manières de jouer la Loterie avec certitude d'un bénéfice au moins de 100 pour 100 par chaque année, nous croirions n'avoir rempli notre tâche que très-imparfaitement, si nous ne les mettions pas à même de juger des résultats qu'ont fourni les différentes mises que nous venons d'indiquer, depuis l'existence de la Loterie de France en 1776, jusqu'à l'époque de sa suppression, 16 novembre 1793.

Nous allons donc tracer ci-après un tableau des sorties de tous les tirages, rapproché et comparé aux numéros des chances, et des combinaisons que nous donnons au public. On sera à même de juger du bénéfice que chaque mise peut rapporter aux actionnaires.

Ce tableau de rapprochement, composé de trente-six pages, est une addition que nous avons cru devoir faire à cet ouvrage.

Nota. *Le verso et le recto des pages ne forment qu'un seul tableau, c'est-à-dire que la page 74 correspond avec la 75 et doivent se lire sur la même ligne.*

Tirages de 1776. PARIS.	Colonne Trajanne sur la première sortie.	Colonne de Cagliostro sur la deuxième sortie.	Colonne Médicis sur la 4me sortie.
44 37 59 88 61	. . . .	. . .	.88 .
57 37 10 70 45	. . . .	. . .	. . .
42 86 15 21 67	. 42. .	. . . .	. . .
53 73 52 74 70	. 53. .	. 73. .	.74 .
36 24 62 19 88	. . . .	. . .	. . .
85 54 78 87 57	. . . .	. . . .	. . .
19 75 42 6 27	. . . .	. 75. .	. . .
87 9 50 20 61	. . . .	. . .	. . .
7 40 54 67 69	. . . .	. . .	. . .
61 31 66 4 70	. 61. .	. . .	. . .
90 4 15 14 35	. . . .	. . .	.14 .
54 65 20 89 90	. . . .	. . .	.89 .
77 83 32 41 44	. . . .	. . .	. . .
28 77 25 82 86	. . . .	. . .	.82 .
41 40 64 36 82	. . . .	. . .	.36 .
Produit des extraits déterminés et autres chances.	trois extraits.	deux extraits.	six extraits.

Colonne d'Ispahan sur la 5me sortie.	Colonne de Zoroastre sur toutes les chances.	Jeu des Apôtres par extrait, ambes et ternes.	Jeu du Globe céleste, composé des Sylphes, dits Jumeaux, et des Gnosmes.
. . . .	. 44 88 .	. . . . .	. 44 88 .
. . . .	57 .10 70	. .57 . .	. 10 70 .
. . . . .	. . . . .	. . . . .	. . . . .
. 70 . .	. .70 . .	. . . . .	. . 70 . .
. 88 . .	. .88 . .	. . . . .	. . 88 . .
. . . .	. .57 . .	. .57 . .	. . . . .
. . . .	. .75 . .	. .75 . .	. . . . .
. . . .	. 20 50 .	. . . . .	. 20 50 .
. . . .	. .40 . .	. . . . .	. . 40 . .
. 70 . .	. 66 70 .	. .66 . .	. 66 70 .
. 35 . .	. .90 . .	. . . . .	. . 90 . .
. . . .	. 20 90 .	. . . . .	. 20 90 .
. 44 . .	. 77 44 .	. . . . .	. 77 44 .
. 86 . .	. .77 . .	. . . . .	. . 77 . .
. 82 . .	. .40 . .	. . . . .	. . 40 . .
7 extraits	21 extraits déterminés. 8 ambes simples. 1 terne.	4 extraits simples.	18 extraits simples. 6 ambes simples.

Tirages de 1777. PARIS.	Colonne Trajanne sur la première sortie.	Colonne de Cagliostro sur la 2e sortie.	Colonne Médicis sur la 4me sortie.
5 89 36 85 23	. . . .	. . . .	. . .
10 52 49 84 35	. 10 . .	. . . .	. 84 .
12 21 1 27 30	. 12 . .	. 21 . .	. . .
29 23 85 42 25	. 29 . .	. . . .	. . .
51 63 17 82 52	. 51 . .	. 63 . .	. 82 .
2 6 33 24 18	. 2 . .	. . . .	. 24 .
65 58 14 82 78	. . . .	. . . .	. 82 .
24 47 52 68 40	. 24 . .	. 47 . .	. 68 .
2 90 32 10 17	. 2 . .	. . . .	. . .
9 67 86 78 21	. . . .	. 67 . .	. 78 .
82 47 84 40 35	. 82 . .	. 47 . .	. . .
82 31 73 78 65	. 82 . .	. . . .	. 78 .
22 17 31 33 32	. 22 . .	. . . .	. . .
64 10 73 63 36	. . . .	. . . .	. . .
27 65 39 75 28	. . . .	. . . .	. 75 .
32 73 48 43 56	. 32 . .	. 73 . .	. . .
49 67 34 68 55	. 49 . .	. 67 . .	. 68 .
22 11 63 55 9	. 22 . .	. 11 . .	. . .
14 73 43 88 18	. . . .	. 73 . .	. 88 .
78 62 42 74 22	. . . .	. . . .	. 74 .
21 1 69 45 51	. 21 . .	. . . .	. . .
33 22 28 83 36	. 33 . .	. 22 . .	. . .
63 87 32 73 39	. 63 . .	. . . .	. 73 .
46 19 4 54 37	. . . .	. 19 . .	. 54 .
Produit des extraits déterminés et autres chances	16 extraits.	11 extraits.	13 extraits.

Colonne d'Ispahan sur la 5me sortie.	Colonne de Zoroastre sur toutes les chances.	Jeu des Apôtres par extrait, ambes et ternes.	Jeu du Globe céleste, composé des Sylphes, dits Jumeaux, et des Gnosmes.
35	10 84	84	10
30	12 30	12	30
52			
18	33		33
78			
40	40		40
17	90 10		90 10
21			
35	84 40	84	40
	22 33		22 33
	10		10
	39 75	39 75	
56	48	48	
	55		55
9	22 11 55		22 11 55
18	88		88
22	22		22
51			
	33 22		33 22
39	39	39	
15 extraits.	25 extraits déterminés. 10 ambes. 1 terne.	7 extraits. 1 ambe.	18 extraits simples. 6 ambes simples. 1 terne.

Tirages de 1778. P A R I S.	Colonne Trajanne sur la première sortie.	Colonne de Cagliostro sur la 2me sortie.	Colonne Médicis sur la 4me sortie.
7 34 65 73 26		34	73
24 55 36 50 15	24		
76 21 71 30 59	76	21	
63 21 49 74 80	63	21	74
37 64 75 59 61		64	59
85 88 28 20 5		88	
52 22 5 67 2	52	22	
69 49 29 78 71		49	78
75 73 21 50 12	75	73	
13 26 90 10 20			
44 85 49 60 15			60
73 20 50 25 47	73		25
73 78 80 47 33	73		
18 12 71 52 38			52
41 63 82 68 84		63	68
1 86 10 89 63	1		89
75 44 85 52 60	76	44	52
68 19 52 28 44	68	19	
61 66 65 31 39	61	66	
88 29 36 89 3	88		89
34 61 48 60 87		61	60
27 61 9 46 24		61	
44 73 88 39 7		73	
41 56 83 14 88		56	14
Produit des extraits déterminés et autres chances.	douze extraits.	seize extraits.	treize extraits.

Colonne d'Ispahan sur la 5me sortie.	Colonne de Zoroastre sur toutes les chances.	Jeu des Apôtres par extrait, ambes et ternes.	Jeu du Globe céleste, composé des Sylphes, dits Jumeaux, et des Gnosmes.
. 26 . .	. . . . .	. . . . .	. . . .
. 15 . .	. 55 50 .	. . . . .	. 55 50.
. 59 . .	. .30 . .	. . . . .	. . 30 . .
. . . . .	. 80 . .	. . . . .	. . 80 . .
. . . . .	. 75 . .	.75 .	. . .
. . . . .	. 88 20 .	. . . . .	. 88 20.
. . . . .	. .22 . .	. . . .	. . 22 . .
. 71 . .	. . . . .	. . . .	. . . . .
. . . .	75 50 12	.75 12	. . 50 . .
. . . .	90 10 20	. . . .	. 10 20 90
. 15 . .	. 44 60 .	. . . .	. 44 60.
. 47 . .	. 20 50 .	. . . .	. 20 50.
. . . .	. 80 33 .	. . . .	. 80 33.
. . . . .	. .12 . .	.12 .	. . . . .
. 84 . .	. .84 . .	. .84 .	. . . . .
. . . . .	. .10 . .	. . . .	. . 10 . .
. . . .	. 44 60 .	. . . .	. 44 60.
. 44 . .	. .44 . .	. . . .	. . 44 .
. 39 . .	. 66 39 .	.66 39	. . 66 . .
. .3 . .	. .88 . .	. . . .	. . 88 . .
. . . .	. 48 60 .	. .48 .	. . 60 . .
. . . . .	. . . . .	. . . .	. . . . .
. 71 . .	44 88 39	. .39 .	. 44 88.
. 88 . .	. .88 . .	. . . .	. . 88 . .
douze extraits.	35 extr. déterminés. 17 amb. simp. 3 ternes.	9 extraits simples. 2 ambes simples.	27 extraits simples. 10 ambes simpl. 1 terne.

Tirages de 1779. PARIS.					Colonne Trajanne sur la première sortie.	Colonne de Cagliostro sur la 2me sortie.	Colonne Médicis sur la 4me sortie.
21	67	80	22	84	21	67	
79	10	73	84	15			84
64	33	57	82	45			82
47	38	88	71	59			
29	82	27	84	14	29	82	84
60	68	20	6	84			
9	28	2	12	39			
12	60	34	87	8	12		
32	26	61	36	90	32		36
11	88	90	27	54		88	
75	16	30	88	56	75		88
65	7	69	90	76			90
4	36	42	7	50		36	
20	63	89	73	75	20	63	73
20	81	43	17	70	20		17
86	39	17	24	47		39	24
55	76	18	59	62	55	76	59
78	39	75	24	26		39	24
73	21	86	32	66	73	21	32
28	53	72	90	56		53	90
2	62	67	60	34	2		60
90	79	6	23	33			
10	57	33	44	22	10		
70	27	90	64	18		27	
Produit des extraits déterminés et autres chances.					onze extraits.	onze extraits.	14 extraits.

Colonne d'Ispahan sur la 5me sortie.	Colonne de Zoroastre sur toutes les chances.	Jeu des Apôtres par extrait, ambes et ternes.	Jeu du globe céleste, composé des Sylphes, dits Jumeaux, et des Gnosmes.
. 84. .	80 22 84	. . .84. .	. 80 22. .
. 15. .	.10 84	. .84 .	. . 10. . .
. . . .	.33 57	. .57 .	. . 33. . .
. 59. .	. 88. .	. . . .	. . 88. . .
. . . .	. 84. .	. .84 .	. . . . .
. 84. .	60 20 84	. .84 .	. 60 20. .
. 39. .	.12 39	.12 39	. . . . .
. . . .	.12 60	. .12 .	. . 60. . .
. . . .	. 90. .	. . . .	. . 90. . .
. . . .	11 88 90	. . . .	.11 88 90 .
. 56. .	75 30 88	. .75 .	. 30 88. .
. 76. .	. 90. .	. . . .	. . 90. . .
. 50. .	. 50. .	. . . .	. . 50. . .
. . . .	.20 75	. .75 .	. . 20. . .
. 70. .	.20 70	. . . .	. 20 70. .
. 47. .	. 39. .	. .39 .	. . . . .
. . . .	. 55. .	. . . .	. . 55. . .
. 26. .	.39 75	.39 75	. . . . .
. . . .	. 66. .	. .66 .	. . 66. . .
. 56. .	. 90. .	. . . .	. . 90. . .
. . . .	. 60. .	. . . .	. . 60. . .
. . . .	.90 33	. . . .	. 90 33. .
. 22. .	10 57 33 44 22	. .57 .	10 33 44 22
. 18. .	.70 90	. . . .	. 70 90. .
14 extraits.	45 ext. dét. 31 ambes s. 14 tern. 5 quat. 1 quin.	15 extraits simples. 2 ambes s.	31 extraits s. 15 ambes s. 5 ternes. 1 quaterne.

Tirages de 1780. PARIS.					Colonne Trajanne sur la première sortie.	Colonne de Cagliostro sur la deuxième sortie.	Colonne Médicis sur la 4me sortie.
73	44	74	12	37	73	44	
63	76	70	74	15	63	76	74
83	74	88	54	5			54
82	69	5	43	14	82		
88	60	56	68	26	88		68
36	63	9	18	47		63	
65	33	41	68	78			68
1	58	48	88	30	1		88
82	13	33	88	25	82		88
49	29	53	9	47	49		
88	47	32	87	35	88	47	
84	5	32	14	3	84	5	14
55	2	28	81	80	55	2	
82	18	5	89	87	82		89
26	2	37	41	44		2	
80	61	16	36	47		61	36
24	66	42	34	46	24	66	
88	63	37	38	43	88	63	
43	48	11	36	7			36
62	63	9	54	46		63	54
53	8	30	85	84	53		
68	31	42	74	21	68		74
12	19	63	52	30	12	19	52
40	75	58	48	14	40	75	48
Produit des extraits déterminés et autres chances.					17 extraits.	13 extraits.	14 extraits.

Colonne d'Ispahan sur la 5me sortie.	Colonne de Zoroastre sur toutes les chances.	Jeu des Apôtres par extrait, ambes et ternes.	Jeu du Globe céleste, composé des Sylphes, dits Jumeaux, et des Gnosmes.
	44 12	12	44
15	70		70
	88		88
26	88 60		88 60
47			
78	33		33
30	48 88 30	48	88 30
	33 88		33 88
47			
35	88		88
3	84	84	
	55 80		55 80
44	44		44
47	80		80
46	66	66	66
	88		88
	48 11	48	11
46			
84	30 84	84	30
21			
30	12 30	12	30
	40 75 48	75 48	40
15 extraits.	29 ext. déterminés. 13 ambes sim. 2 ternes.	9 extraits simples. 1 ambe simple.	21 extraits simples. 4 ambes simples.

Tirages de 1781. PARIS.					Colonne Trajanne sur la première sortie.	Colonne de Cagliostro sur la 2e sortie.	Colonne Médicis sur la 4me. sortie.
51	31	11	75	35	. 51 . .	. . . .	. 75 .
56	74	80	41	83	. . . .	. . . .	. . .
48	3	78	53	71	. 48 . .	. . . .	. 53 .
71	16	5	26	41	. . . .	. . . .	. . .
51	21	61	22	79	. 51 . .	. 21 . .	. . .
84	76	56	23	35	. 84 . .	. 76 . .	. . .
71	40	7	61	50	. . . .	. . . .	. . .
33	22	88	53	35	. 33 . .	. 22 . .	. 53 .
75	76	27	50	82	. 75 . .	. 76 . .	. . .
61	76	65	39	48	. 61 . .	. 76 . .	. . .
53	17	50	86	27	. 53 . .	. . . .	. . .
72	44	86	59	29	. . . .	. 44 . .	. 59 .
31	13	11	88	69	. . . .	. . . .	. 88 .
22	17	9	49	51	. 22 . .	. . . .	. . .
63	34	40	26	21	. 63 . .	. 34 . .	. . .
84	43	46	2	51	. 84 . .	. . . .	. . .
71	53	26	13	38	. . . .	. 53 . .	. . .
42	75	62	49	18	. 42 . .	. 75 . .	. . .
20	23	42	68	67	. 20 . .	. . . .	. 68 .
1	83	90	24	19	. . 1 . .	. . . .	. 24 .
29	41	90	80	1	. 29 . .	. 41 . .	. . .
83	36	40	32	76	. . . .	. 36 . .	. 32 .
54	67	86	21	89	. . . .	. 67 . .	. . .
33	85	45	31	55	. 33 . .	. . . .	. . .
Produit des extraits déterminés et autres chances					16 extraits.	12 extraits.	8 extraits.

Colonne d'Ispahan sur la 5me sortie.	Colonne de Zoroastre sur toutes les chances.	Jeu des Apôtres par extrait, ambes et ternes.	Jeu du Globe céleste, composé des Sylphes, dits Jumeaux, et des Gnosmes.
35	11 75	75	11
	80		80
71	48	48	
	22		22
35	84	84	
50	40 50		40 50
35	33 22 88		33 22 88
82	75 50	75	50
	39 48	39 48	
	50		50
	44		44
	11 88		11 88
51	22		22
21	40		40
51	84	84	
18	75	75	
	20		20
	90		90
	90 80		90 80
76	40		40
	33 55		33 55
11 extraits.	30 extraits déterminés. 10 ambes. 1 terne.	8 extraits simples. 1 ambe.	22 extraits simples. 7 ambes simples. 1 terne.

Tirages de 1782. PARIS.					Colonne Trajanne sur la première sortie.	Colonne de Cagliostro sur la 2me sortie.	Colonne Médicis sur la 4me sortie.
61	21	55	72	49	61	21	
27	10	50	28	34			
55	20	24	90	13	55		90
43	36	52	48	86		36	48
29	47	5	27	84	29	47	
78	36	14	82	23		36	82
34	56	12	36	19		56	36
48	14	72	35	28	48		35
49	40	30	60	76	49		60
87	88	5	84	52		88	84
53	57	76	47	51	53		
52	66	82	16	33	52	66	
85	41	49	5	47		41	
63	22	16	32	53	63	22	32
46	45	25	21	84			
79	18	81	37	13			37
3	1	44	85	9			
37	7	87	66	6			
76	64	17	15	39	76	64	
2	50	48	37	63	2	50	37
55	22	21	86	72	55	22	
68	52	31	17	58	68		17
39	71	30	68	79			68
83	46	48	25				25
Produit des extraits determinés et autres chances.					douze extraits.	douze extraits.	treize extraits.

Colonne d'Ispahan sur la 5me sortie.	Colonne de Zoroastre sur toutes les chances.	Jeu des Apôtres par extrait, ambes et ternes.	Jeu du Globe céleste, composé des Sylphes, dits Jumeaux, et des Gnosmes.
. . . . .	. .55 . .	. . . . .	. . 55 . .
. . . . .	. 10 50 .	. . . . .	. 10 50 .
. . . . .	55 20 90	. . . .	. 55 20 90
. 86 . .	. .48 . .	. .48 .	. . . . .
. 84 . .	. .84 . .	. .84 .	. . . . .
. . . . .	. . . . .	. . . .	. . . . .
. . . .	. .12 . .	. .12 .	. . . . .
. . . .	. .48 . .	. .48 .	. . . . .
. 76 . .	40 30 60	. . . .	. 40 30 60
. 52 . .	. 88 84 .	. .84 .	. . 88 . .
. 51 . .	. .57 . .	. .57 .	. . . . .
. . . .	. 66 33 .	. .66 .	. 66 33 .
. 47 . .	. . . .	. . . .	. . . . .
. . . .	. .22 . .	. . . .	. . 22 . .
. 84 . .	. .84 . .	. .84 .	. . . . .
. . . .	. . . .	. . . .	. . . . .
. .9 . .	. .44 . .	. . . .	. . 44 . .
. . . .	. .66 . .	. .66 .	. . 66 .
. 39 . .	. .39 . .	. .39 .	. . . . .
. . . .	. 50 48 .	. .48 .	. 50 . .
. . . .	. 55 22 .	. . . .	. 55 22 .
. . . .	. . . .	. . . .	. . . . .
. 70 . .	39 30 70	. .39 .	. 30 70 .
. .3 . .	. .48 . .	. .48 .	. . . . .
onze extraits.	31 extr. dé-terminés. 14 amb. simp. 3 ternes.	13 extraits simples.	20 extraits simples. 10 ambes simpl. 2 ternes.

Tirages de 1783. PARIS.	Colonne Trajanne sur la première sortie.	Colonne de Cagliostro sur la 2me sortie.	Colonne Médicis sur la 4me sortie.
45 61 22 1 67	· · · ·	.61 · ·	· · · ·
21 2 72 67 85	. 21 . .	. 2 . .	· · · ·
6 26 18 74 82	. .6 . .	· · · ·	.74 ·
25 15 68 37 3	· · · ·	.15 . .	.37 ·
26 73 77 82 10	· · · ·	.73 . .	.82 ·
24 41 75 23 78	. 24 . .	.41 . .	· · · ·
33 66 88 28 62	. 33 . .	.66 . .	· · · ·
1 71 16 72 64	. 1 . .	· · · ·	· · · ·
49 22 88 90 61	. 49 . .	.22 . .	.90 ·
1 2 37 76 17	. .1 . .	. 2 . .	· · · ·
75 28 2 17 89	. 75 . .	· · · ·	.17 ·
60 83 64 62 15	· · · ·	· · · ·	· · · ·
67 34 38 71 64	. 67 . .	.34 . .	· · · ·
67 48 57 60 63	. 67 . .	· · · ·	.60 ·
48 7 3 36 16	. 48 . .	· · · ·	.36 ·
76 2 50 12 81	. 76 . .	. 2 . .	· · · ·
58 5 37 17 36	· · · ·	. 5 . .	.17 ·
52 39 21 29 56	. 52 . .	.39 . .	· · · ·
85 84 68 48 9	· · · ·	.84 . .	.48 ·
63 30 56 1 74	. 63 . .	· · · ·	· · · ·
67 63 79 51 76	. 67 . .	.63 . .	· · · ·
66 74 34 36 21	· · · ·	· · · ·	.36 ·
24 4 8 17 50	. 24 . .	· · · ·	.17 ·
32 11 74 10 86	. 32 . .	.11 . .	· · · ·
Produit des extraits déterminés et autres chances.	17 extraits.	15 extraits.	11 extraits.

Colonne d'Ispahan sur la 5me sortie.	Colonne de Zoroastre sur toutes les chances.	Jeu des Apôtres par extrait, ambes et ternes.	Jeu du globe céleste, composé des Sylphes, dits Jumeaux, et des Gnosmes.
	22		22
82			
3			
10	77 10		77 10
78	75	75	
	33 66 88	66	33 66 88
	22 88 90		22 88 90
17			
	75	75	
15	60		60
	48 57 60	48 57	60
	48	48	
	50 12	12	50
56	39	39	
9	84 48	84 48	
	30		30
76			
21	66	66	66
50	50		50
86	11 10		11 10
12 extraits.	26 ext. dét. 13 ambes. 3 ternes.	11 extraits simples. 2 ambes.	17 extraits s. 8 ambes s. 2 ternes.

Tirages de 1784. PARIS.					Colonne Trajanne sur la première sortie.	Colonne de Cagliostro sur la deuxième sortie.	Colonne Médicis sur la 4me sortie.
10	75	80	30	88	10	75	
63	49	50	14	2	63	49	14
57	50	52	55	49		50	
66	90	18	37	47			37
35	82	68	49	10		82	
36	39	47	35	3		39	35
6	64	22	23	88	6	64	
59	65	66	9	17			
42	79	13	17	76	42		17
7	11	87	20	8		11	
58	41	75	34	31		41	
31	11	16	17	2		11	17
5	30	47	53	21			53
40	57	62	81	82	40		
18	86	1	59	49			59
8	34	43	55	19		34	
6	71	51	65	10	6		
76	77	53	61	11	76		
40	80	72	68	50	40		68
67	42	4	1	51	67		
58	9	20	75	40			75
35	27	7	32	30		27	32
51	10	59	35	50	51		35
61	76	62	17	46	61	76	17
Produit des extraits déterminés et autres chances.					11 extraits.	12 extraits.	12 extraits.

Colonne d'Ispahan sur la 5me sortie.	Colonne de Zoroastre sur toutes les chances.	Jeu des Apôtres par extrait, ambes et ternes.	Jeu du Globe céleste, composé des Sylphes, dits Jumeaux, et des Gnosmes.
. 88 . .	10 75 80 30 88	. . 75 . .	10 80 30 88
. . . . .	. . 50 . .	. . . . .	. . 50 . . .
. . . . .	57 50 55	. . 57 . .	. 50 55 . .
. 47 . .	. 66 90 .	. . 66 . .	. 66 90 . .
. 10 . .	. . 10 . .	. . . . .	. . 10 . . .
. 3 . .	. . 39 . .	. . 39 . .	. . . . .
. 88 . .	. 22 88 .	. . . . .	. 22 88 . .
. 17 . .	. . 66 . .	. . 66 . .	. . 66 . . .
. 76 . .	. . . . .	. . . . .	. . . . .
. . . . .	. 11 20 .	. . . . .	. 11 20 . .
. . . . .	. . 75 . .	. . 75 . .	. . . . .
. . . . .	. . 11 . .	. . . . .	. . 11 . . .
. 21 . .	. . 30 . .	. . . . .	. . 30 . . .
. 82 . .	. 40 57 .	. . 57 . .	. . 40 . . .
. . . . .	. . . . .	. . . . .	. . . . .
. . . . .	. . 55 . .	. . . . .	. . 55 . . .
. 10 . .	. . 10 . .	. . . . .	. . 10 . . .
. 11 . .	. 77 11 .	. . . . .	. 77 11 . .
. 50 . .	40 80 50	. . . . .	. 40 80 50 .
. 51 . .	. . . . .	. . . . .	. . . . .
. 40 . .	20 75 40	. . 75 . .	. 20 40 . .
. 30 . .	. . 30 . .	. . . . .	. . 30 . . .
. 50 . .	. 10 50 .	. . . . .	. 10 50 . .
. 46 . .	. . . . .	. . . . .	. . . . .
17 ex-traits.	36 ext. dét. 25 ambes s. 13 ternes. 5 quat. 1 quin.	8 extraits simples.	30 extraits simples. 16 ambes s. 5 tern. 1 quat.

Tirages de 1785. F A R I S.	Colonne Trajanne sur la première sortie.	Colonne de Cagliostro sur la 2e sortie.	Colonne Médicis sur la 4me sortie.
79 69 7 51 1			
33 75 73 22 51	33	75	
69 22 63 37 27		22	37
69 4 82 60 47			60
62 33 28 53 73			53
76 51 88 73 7	76	51	73
10 19 18 23 85	10	19	
84 3 39 23 54	84		
42 27 40 20 77	42	27	
19 77 21 29 78			
19 5 57 4 56		5	
22 84 79 37 60	22	84	37
70 18 53 75 4			75
67 52 78 88 40	67		88
27 84 71 63 17		84	
57 50 60 48 86		50	48
36 62 52 79 22			
47 27 19 15 44		27	
20 32 71 74 73	20		74
40 12 8 32 83	40		32
1 60 75 30 62	1		
19 81 10 86 70			
2 64 89 61 41	2	64	
1 53 90 3 40	1	53	
Produit des extraits déterminés et autres chances	12 extraits.	12 extraits.	10 extraits.

Colonne d'Ispahan sur la 5me sortie.	Colonne de Zoroastre sur toutes les chances.	Jeu des Apôtres par extrait, ambes et ternes.	Jeu du Globe céleste, composé des Sylphes, dits Jumeaux, et des Gnosmes.
. . . .	. . . . .	. . . .	. . . . .
. 51 . .	33 75 22	. 75 . .	. 33 . 22 .
. . . .	. . 22 . .	. . . .	. . 22 . .
. 47 . .	. . 60 . .	. . . .	. . 60 . .
. . . .	. . 33 . .	. . . .	. . 33 . .
. . . .	. . 88 . .	. . . .	. . 88 . .
. . . .	. . 10 . .	. . . .	. . 10 . .
. . . .	. 84 39 .	. 84 . 39	. . . . .
. . . .	40 20 77	. . . .	40 20 77 .
. 78 . .	. . 77 . .	. . . .	. . 77 . .
. 56 . .	. . 57 . .	. 57 . .	. . . . .
. . . .	22 84 60	. 84 . .	. 22 60 .
. . . .	. 70 75 .	. 75 . .	. . 70 . .
. 40 . .	. 88 40 .	. . . .	. 88 . 40 .
. 17 . .	. . 84 . .	. 84 . .	. . . . .
. 86 . .	57 50 60 48	. 57 . 48	. 50 . 60 .
. 22 . .	. . 22 . .	. . . .	. . 22 . .
. 44 . .	. . 44 . .	. . . .	. . 44 . .
. . . .	. . 20 . .	. . . .	. . 20 . .
. . . .	. 40 12 .	. 12 . .	. . 40 . .
. . . .	60 75 30	. 75 . .	. 60 . 30 .
. 70 . .	. 10 70 .	. . . .	. 10 . 70 .
. . . .	. . . . .	. . . .	. . . . .
. 40 . .	. 90 40 .	. . . .	. 90 . 40 .
11 extraits.	39 ext. dét. 24 ambes s. 8 ternes. 1 quaterne.	11 extraits simples. 2 ambes.	28 extraits simples. 10 ambes 1 tern.

Tirages de 1786. P A R I S.					Colonne Trajanne sur la première sortie.	Colonne de Cagliostro sur la 2me sortie.	Colonne Médicis sur la 4me sortie.
56	67	38	51	52		67	
15	73	90	25	9		73	25
75	46	83	39	88	75		
81	4	18	52	74			52
77	76	90	51	71		76	
58	66	72	7	37		66	
49	28	10	90	79	49		90
48	78	12	37	64	48		37
42	5	51	38	27	42	5	
77	35	30	6	74			
1	27	46	37	29	1	27	37
47	14	73	70	10			
4	64	57	32	10		64	32
67	56	66	48	59	67	56	48
77	15	84	17	2		15	17
20	49	22	76	7	20	49	
87	48	46	90	25			90
42	22	75	47	45	42	22	
59	19	68	29	82		19	
67	49	26	51	55	67	49	
32	36	67	37	81	32	36	37
48	56	36	72	71	48	56	
86	44	2	78	71		44	78
55	22	1	58	56	55	22	
Produit des extraits determinés et autres chances.					12 extraits.	17 extraits.	11 extraits.

Colonne d'Ispahan sur la 5me sortie.	Colonne de Zoroastre sur toutes les chances.	Jeu des Apôtres par extrait, ambes et ternes.	Jeu du Globe céleste, composé des Sylphes, dits Jumeaux, et des Gnosmes.
. 52 . .	. . .. . .	. . . .	. . .. . .
. 9 . .	. .90 . .	. . . .	. . 90. . .
. 88 . .	75 39 88	. 75 39 .	. . 88. .
. . . .	. . . .	. . . .	. . . . .
. 71 . .	. 77 90 .	. . . .	. 77 90 .
. . . .	. .66 . .	. .66 .	. . 66. .
. . . .	. 10 90 .	. . . .	. 10 90 .
. . . .	. 48 12 .	.48 12 .	. . . . .
. . . .	. . . .	. . . .	. . . . .
. . . .	. 77 30 .	. . . .	. 77 30 .
. . . .	. . . .	. . . .	. . . . .
. 10 . .	. 70 10 .	. . . .	. 70 10 .
. 10 . .	. 57 10 .	. .57 .	. . 10. .
. 59 . .	. 66 48 .	.66 48 .	. . 66. .
. . . .	. 77 84 .	. .84 .	. . 77. .
. . . .	. 20 22 .	. . . .	. 20 22 .
. 26 . .	. 48 90 .	. .48 .	. . 90. .
. . . .	. 22 75 .	. .75 .	. . 22 .
. 82 . .	. . . .	. . . .	. . . . .
. . . .	. .55 . .	. . . .	. . 55. .
. . . .	. . . .	. . . .	. . . . .
. 71 . .	. .48 . .	. .48 .	. . . . .
. 71 . .	. .44 . .	. . . .	. . 44. .
. 56 . .	. 55 22 .	. . . .	. 55 22 .
12 extraits.	32 extr. déterminés. 15 amb. simp. 1 terne.	12 extraits simples. 3 ambes.	22 extr. s. 6 ambes simp.

Tirages de 1787. PARIS.					Colonne Trajanne sur la première sortie.	Colonne de Cagliostro sur la 2me sortie.	Colonne Médicis sur la 4me sortie.
84	6	75	42	39	84		
34	86	39	59	55			59
32	70	11	35	9	32		35
6	84	3	62	52	6	84	
22	26	12	66	32	22		
76	63	63	17	30	76		17
77	58	60	59	18			59
31	72	25	35	6			35
82	44	62	88	46	82	44	88
68	76	75	19	41	68	76	
54	19	60	87	46		19	
56	88	32	57	84		88	
76	40	22	43	71	76		
1	44	8	57	6	1	44	
64	12	31	54	4			54
38	39	74	14	22		39	14
12	15	32	25	77	12	15	25
33	82	14	76	89	33	82	
73	34	33	8	71	73	34	
54	61	5	22	43		61	
79	84	23	75	88		84	75
7	50	24	54	38		50	54
86	15	45	54	59		15	54
21	66	82	60	40	21	66	60
Produit des extraits déterminés et autres chances.					13 extraits.	15 extraits.	13 extraits.

Colonne d'Ispahan sur la 5me sortie.	Colonne de Zoroastre sur toutes les chances.	Jeu des Apôtres par extrait, ambes et ternes.	Jeu du Globe céleste, composé des Sylphes, dits Jumeaux, et des Gnosmes.
. 39 . .	84 75 39	84 75 39	. . . . . .
. . . .	39 55 .	. 39 . .	. . 55 . . .
. 9 . .	70 11 .	. . . .	. 70 11 . .
. 52 . .	. 84 . .	. 84 . .	. . . . .
. . . .	22 12 66	. 12 66	. 22 66 . .
. 30 . .	. 30 . .	. . . .	. . 30 . . .
. 18 . .	77 60 .	. . . .	. 77 60 . .
. . . .	. . . .	. . . .	. . . . .
. 46 . .	44 88 .	. . . .	. 44 88 . .
. . . .	. 75 . .	. 75 .	. . . . .
. 46 . .	. 60 . .	. . . .	. . 60 . . .
. 84 . .	88 57 84	. 57 84	. . 88 . . ,
. 71 . .	40 22 .	. . . .	. 40 22 . . .
. . . .	44 57 .	. 57 .	. . 44 . . .
. . . .	. 12 . .	. 12 .	. . . . .
. 22 . .	39 22 .	. 39 .	. . 22 . . .
. . . .	12 77 .	. 12 .	. . 77 . . .
. . . .	. 33 .	. . . .	. 33 .
. 71 . .	. 33 . .	. . . .	. . 33 . . .
. . . .	. 22 . .	. . . .	. . 22 . . .
. 88 . .	84 75 88	. 84 75	. . 88 . . .
. . . .	. 50 . .	. . . .	. . 50 . . .
. 59 . .	. . . .	. . . .	. . . . . .
. 40 . .	66 60 40	. . 66 .	. 66 60 40 .
14 extraits.	40 ext. dét. 23 ambes. 5 ternes.	17 extraits simples. 6 ambes s. 1 terne.	25 extraits s. 8 ambes s. 1 terne.

Tirages de 1788. PARIS.	Colonne Trajanne sur la première sortie.	Colonne de Cagliostro sur la deuxième sortie.	Colonne Médicis sur la 4me sortie.
60 6 26 5 59			
31 15 11 87 2		15	
61 85 5 48 20	61		48
29 36 61 63 18	29	36	
81 42 30 82 64			82
49 16 75 46 26	49		
5 62 53 78 39			78
32 30 75 16 42	32		
23 10 30 42 32			
65 55 63 79 78			
48 2 74 25 90	48	2	25
12 86 88 66 83	12		
3 78 67 15 36			
75 74 62 38 2	75		
90 55 80 58 83			
8 4 43 62 80			
87 38 9 90 45			90
89 81 18 17 19			17
21 66 71 37 10	21	66	37
52 44 32 31 66	52	44	
7 13 88 34 14			
67 78 68 82 72	67		82
11 27 60 63 31		27	
5 50 9 64 87		50	
Produit des extraits déterminés et autres chances.	10 extraits.	7 extraits.	8 extraits.

Colonne d'Ispahan sur la 5me sortie.	Colonne de Zoroastre sur toutes les chances.	Jeu des Apôtres par extrait, ambes et ternes.	Jeu du Globe céleste, composé des Sylphes, dits Jumeaux, et des Gnosmes.
59	60		60
	11		11
	48 20	48	20
18			
	30		30
26	75	75	
39	39	39	
	30 75	75	30
	10 30		10 30
78	55		55
	48 90	48	90
	12 88 66	12 66	88 66
	75	75	
	90 55 80		90 55 80
	80		80
	90		90
10	66 10	66	66 10
	44 66	66	44 66
	88		88
	11 60		11 60
	50		50
6 extraits.	31 ext. dét. 13 ambes s. 2 ternes.	10 extraits simples. 1 ambe s.	24 extraits simples. 8 ambes s. 1 terne.

Tirages de 1789. FARIS.					Colonne Trajanne sur la première sortie.	Colonne de Cagliostro sur la 2e sortie.	Colonne Médicis sur la 4me sortie.
34	53	55	18	37		53	
3	11	35	82	12		11	82
62	77	40	71	20			
64	27	24	38	72		27	
7	90	4	25	47			25
80	67	39	72	27		67	
4	23	2	16	1			
11	13	70	53	90			53
14	42	60	21	30			
56	65	64	87	74			
2	62	15	66	11	2		
80	88	76	42	25		88	
45	3	80	47	13			
11	12	72	48	82			48
90	33	38	55	15			
26	7	62	82	33			82
88	33	37	18	35	88		
36	46	89	60	24			60
82	64	15	63	1	82	64	
74	10	18	28	44			
12	35	52	55	74	12		
33	90	4	14	80	33		14
87	28	73	21	23			
53	90	35	3	72	53		
Produit des extraits déterminés et autres chances					6 extraits.	6 extraits.	7 extraits.

Colonne d'Ispahan sur la *5me* sortie.	Colonne de Zoroastre sur toutes les chances.	Jeu des Apôtres par extrait, ambes et ternes.	Jeu du Globe céleste, composé des Sylphes, dits Jumeaux, et des Gnosines.
. . . .	. .55 . .	. . . .	. . 55 . .
. . . .	. 11 12 .	. 12 . .	. . . . .
. . . .	77 40 20	. . . .	77 40 20 .
. . . .	. . . .	. . . .	. . . .
. 47 . .	. .90 . .	. . . .	. . 90 . .
. . . .	. 80 39 .	. 39 . .	. . 80 . .
. . . .	. . . . .	. . . .	. . . . .
. . . .	11 70 90	. . . .	11 70 90 .
. 30 . .	. 60 30 .	. . . .	. 60 30 .
. . . .	. . . . .	. . . .	. . . . .
. 11 . .	. 66 11 .	. 66 . .	. 66 11 .
. . . .	. 80 88 .	. . . .	. 80 88 .
. . . .	. .80 . .	. . . .	. . 80 . .
. 82 . .	11 12 48	. 12 48	. . 11 . .
. 15 . .	90 33 55	. . . .	90 33 55 .
. . . .	. .33 . .	. . . .	. . 33 . .
. 35 . .	. 88 33 .	. . . .	. 88 33 .
. . . .	. .60 . .	. . . .	. . 60 . .
. . . .	. . . . .	. . . .	. . . . .
. 44 . .	. 10 44 .	. . . .	. 10 44 .
. . . .	. 12 55 .	. 12 . .	. . 55 . .
. . . .	33 90 80	. . . .	33 90 80 .
. . . .	. . . . .	. . . .	. . . . .
. . . .	. .90 . .	. . . .	. . 90 . .
7 extraits.	37 ext. dét. 2} ambes s. 5 ternes.	6 extraits simples. 1 ambe.	31 extraits simples. 17 ambes 4 tern.

Tirages de 1790. PARIS.					Colonne Trajanne sur la première sortie.	Colonne de Cagliostro sur la 2me sortie.	Colonne Médicis sur la 4me sortie.
76	3	75	40	41	. 76 . .	. . . . .	. . . . .
24	17	67	12	81	. 24 . .	. . . . .	. . . . .
86	75	83	19	34	. . . . .	. 75 . .	. . . . .
36	54	35	75	4	. . . . .	. . . . .	. 75 . .
42	6	70	52	15	. 42 . .	. . . . .	. 52 . .
42	64	44	14	65	. 42 . .	. 64 . .	. 14 . .
84	77	7	59	83	. 84 . .	. . . . .	. 59 . .
34	37	20	69	6	. . . . .	. . . . .	. . . . .
6	11	52	50	70	. . 6 . .	. 11 . .	. . . . .
89	49	27	15	36	. . . . .	. 49 . .	. . . . .
66	75	26	50	37	. . . . .	. 75 . .	. . . . .
77	55	21	13	45	. . . . .	. . . . .	. . . . .
3	76	20	62	80	. . . . .	. 76 . .	. . . . .
75	80	68	48	16	. 75 . .	. . . . .	. 48 . .
46	66	90	57	87	. . . . .	. 66 . .	. . . . .
65	62	77	88	8	. . . . .	. . . . .	. 88 . .
14	13	57	70	88	. . . . .	. . . . .	. 88 . .
29	66	46	21	71	. 29 . .	. 66 . .	. . . . .
71	17	47	26	87	. . . . .	. . . . .	. . . . .
42	36	31	66	44	. 42 . .	. 36 . .	. . . . .
51	57	74	39	31	. 51 . .	. . . . .	. . . . .
23	58	61	63	16	. . . . .	. . . . .	. . . . .
47	89	56	50	78	. . . . .	. . . . .	. . . . .
39	74	14	63	57	. . . . .	. . . . .	. . . . .
Produit des extraits déterminés et autres chances.					10 extraits.	9 extraits.	6 extraits.

Colonne d'Ispahan sur la 5me sortie.	Colonne de Zoroastre sur toutes les chances.	Jeu des Apôtres par extrait, ambes et ternes.	Jeu du Globe céleste, composé des Sylphes, dits Jumeaux, et des Gnosmes.
. . . . .	. 75 40 .	. .75 .	. . 40 . .
. . . .	. .12 . .	. .12 .	. . . . .
. . . .	. .75 . .	. .75 .	. . . . .
. . . .	. .75 . .	. .75	. . . .
. 15 . .	. .70 . .	. . . .	. 70 . .
. . . .	. .44 . .	. . . .	. 44 . .
. . . .	. 84 77 .	. .84 .	. . 77 . .
. . . .	. .20 . .	. . . .	. . 20 . .
. 70 . .	11 50 70	. . . .	. 11 50 70
. . . .	. . . .	. . . .	. . . .
. . . .	66 75 50	.66 75.	. 66 50.
. . . .	. 77 55 .	. . . .	. 77 55.
. . . .	. 20 80 .	. . . .	. 20 80.
. . . .	75 80 48	.75 48.	. . 80 . .
. . . .	66 90 57	.66 57.	. 66 90.
. . . .	. 77 88 .	. . . .	. 77 88.
. 88 . .	57 70 88	. .57 .	. 70 88.
. 71 . .	. .66 . .	. .66 .	. . 66 .
. . . .	. . . .	. . . .	. . . .
. 44 . .	. 66 44 .	. .66 .	. 66 44 .
. . . .	. 57 39 .	.57 39.	. . . .
. . . .	. . . .	. . . .	. . . .
. 78 . .	. .50 . .	. . . .	. . 50 . .
. . . .	. 39 57 .	.39 57.	. . . .
6 extraits.	39 extr. dé-terminés. 23 amb. simp. 5 ternes.	18 extraits simples. 5 ambes. s.	25 extr. s. 10 amb. simp. 1 terne.

Tirages de 1791. P A R I S.	Colonne Trajanne sur la première sortie.	Colonne de Cagliostro sur la 2me sortie.	Colonne Médicis sur la 4me sortie.
57 88 7 4 72	. . . .	. 88 . . .	. . . .
51 23 85 78 59	. 51 . .	. . . .	. 78 .
7 49 71 22 76	. . . .	. 49 . .	. . .
6 36 3 84 37	. . 6 . .	. 36 . .	. 84 .
77 25 58 63 36	. . . .	. . . .	. . . .
68 47 12 66 48	. 68 . .	. 47 . .	. . . .
25 28 8 26 63	. . . .	. . . .	. . . .
67 3 83 85 8	. 67 . .	. . . .	. . . .
88 75 73 19 84	. 88 . .	. 75 . .	. . . .
9 42 51 63 39	. . . .	. . . .	. . . .
24 52 90 7 81	. 24 . .	. . . .	. . . .
16 37 9 83 70	. . . .	. . . .	. . . .
48 42 68 62 24	. 48 . .	. . . .	. . . .
61 54 88 12 31	. 61 . .	. . . .	. . . .
5 33 72 27 40	. . . .	. . . .	. . . .
5 73 79 20 46	. . . .	. 73 . .	. . .
17 18 53 37 83	. . . .	. . . .	. 37 .
51 57 46 80 55	. 51 . .	. . . .	. . .
59 54 67 41 81	. . . .	. . . .	. . .
80 61 13 28 14	. . . .	. 61 . .	. . .
27 35 6 79 54	. . . .	. . . .	. . .
35 6 82 44 59	. . . .	. . . .	. . .
8 17 4 51 88	. . . .	. . . .	. . .
5 71 22 76 86	. . . .	. . . .	. . .
Produit des extraits déterminés et autres chances.	9 extraits.	7 extraits.	3 extraits.

Colonne d'Ispahan sur la 5me sortie.	Colonne de Zoroastre sur toutes les chances.	Jeu des Apôtres par extrait, ambes et ternes.	Jeu du Globe céleste, composé des Sylphes, dits Jumeaux, et des Gnosmes.
. . . . .	57 88.	. .57 .	. . 88. . .
. 59. . .	. . . .	. . . .	. . . . .
. 76. . .	. 22. .	. . . .	. . 22. . .
. . . . .	. 84. .	. .84 .	. . . . .
. . . . .	. 77. .	. . . .	. . 77. . .
. . . . .	12 66 48	12 66 48	. . 66. . .
. . . . .	. . . .	. . . .	. . . . .
. 84. . .	88 75 84	.75 84	. . 88. . .
. 39. . .	. 39. .	. .39 .	. . . . .
. . . . .	. 90. .	. . . .	. . 90. . .
. 70. . .	. 70. .	. . . .	. . 70. . .
. . . . .	. 48. .	. .48 .	. . . . .
. . . . .	88 12.	. .12 .	. . 88. . .
. 40. . .	33 40.	. . . .	. 33 40. .
. 46. . .	. 20. .	. . . .	. . 20. . .
. . . . .	. . . .	. . . .	. . . . .
. . . . .	57 80 55	. .57 .	. 80 55. .
. . . . .	. . . .	. . . .	. . . . .
. . . . .	. 80. .	. . . .	. . 80. . .
. . . . .	. . . .	. . . .	. . . . .
. 59. . .	. 44. .	. . . .	. . 44. . .
. 88. . .	. 88. .	. . . .	. . 88. . .
. 86. . .	. 22. .	. . . .	. . 22. . .
10 extraits.	27 ext. dét. 12 ambes s. 3 ternes.	11 extraits simples. 4 ambes s. 1 terne.	17 extraits s. 2 ambes.

Tirages de 1792. PARIS.	Colonne Trajanne sur la première sortie.	Colonne deCagliostro sur la deuxième sortie.	Colonne Médicis sur la 4me sortie.
59 25 67 37 44	. . . .	. . . .	. 37 . .
75 51 87 23 22	. 75 . .	. 51 . .	. . . .
37 27 40 84 69	. . . .	. 27 . .	. 84 . .
36 86 30 20 88	. . . .	. . . .	. . . .
24 37 51 19 32	. 24 . .	. . . .	. . . .
68 50 49 26 27	. 68 . .	. 50 . .	. . . .
40 3 13 54 23	. 40 . .	. . . .	. 54 . .
43 4 80 82 75	. . . .	. . . .	. 82 . .
73 10 28 78 9	. 73 . .	. . . .	. 78 . .
26 16 10 62 72	. . . .	. . . .	. . . .
87 73 7 9 16	. . . .	. 73 . .	. . . .
32 63 39 48 70	. 32 . .	. 63 . .	. 48 . .
5 40 57 65 10	. . . .	. . . .	. . . .
35 25 12 10 48	. . . .	. . . .	. . . .
73 52 29 5 40	. 73 . .	. . . .	. . . .
80 2 47 18 56	. . . .	. . 2 .	. . . .
9 31 85 6 20	. . . .	. . . .	. . . .
77 88 33 89 86	. . . .	. 88 . .	. 89 . .
32 50 86 79 41	. 32 . .	. 50 . .	. . . .
76 36 82 79 55	. 76 . .	. 36 . .	. . . .
48 26 81 59 45	. 48 . .	. . . .	. 59 . .
18 31 34 6 66	. . . .	. . . .	. . . .
60 83 53 44 63	. . . .	. . . .	. . . .
16 11 29 49 20	. . . .	. 11 . .	. . . .
Produit des extraits déterminés et autres chances.	10 extraits.	10 extraits.	8 extraits.

(107)

Colonne d'Ispahan sur la 5me sortie.	Colonne de Zoroastre sur toutes les chances.	Jeu des Apôtres par extrait, ambes et ternes.	Jeu du Globe céleste, composé des Sylphes, dits Jumeaux, et des Gnosmes.
44	44		44
22	75 22	75	22
	40 84	84	40
88	30 20 88		30 20 88
	50		50
	40		40
	80 75	75	80
9	10		10
	10		10
70	39 48 70	39 48	70
10	40 57 10	57	40 10
	12 10 48	12 48	10
40	40		40
56	80		80
	20		20
86	77 88 33		77 88 33
	50		50
	55		55
	48	48	
	66	66	66
	60 44		60 44
	11 20		11 20
9 extraits.	37 ext. dét. 20 ambes. 5 ternes.	10 extraits simples. 2 ambes s.	28 extraits simples. 9 ambes s. 2 ternes.

Tirages de 1793. P A R I S.	Colonne Trajanne sur la première sortie.	Colonne de Cagliostro sur la 2e sortie.	Colonne Médicis sur la 4me sortie.
69 9 61 83 16			
43 25 10 9 27			
45 62 25 44 87			
35 4 22 5 86			
22 9 83 2 58	22		
57 19 63 37 26		19	37
6 40 4 42 49	6		
50 78 22 6 2			
89 77 84 69 59			
60 7 69 23 27			
74 14 32 85 71			
9 40 86 5 84			
45 8 50 10 32			
37 40 66 81 13			
85 42 89 28 41			
62 21 77 23 67		21	
67 26 3 89 42	67		89
15 16 43 90 22			90
81 54 64 12 45			
9 7 79 54 68			54
29 41 58 64 36	29	41	
7 37 82 32 63			32
Produit des extraits déterminés et autres chances	4 extraits.	3 extraits.	5 extraits.

Colonne d'Ispahan sur la 5me sortie.	Colonne de Zoroastre sur toutes les chances.	Jeu des Apôtres par extrait, ambes et ternes.	Jeu du Globe céleste, composé des Sylphes, dits Jumeaux, et des Gnosmes.
	10		10
	44		44
86	22		22
	22		22
26	57	57	
	40		40
	50 22		50 22
59	77 84	84	77
	60		60
71			
84	40 84	84	40
	50 10		50 10
	40 66	66	40 66
	77		77
22	90 22		90 22
	12	12	
6 extraits.	21 ext. dét. 6 ambes s.	5 extraits simples.	17 extraits s. 4 ambes s.

Le tableau de rapprochement est arrêté le 16 novembre 1793 , époque de la suppression de la Loterie de France. Comme tous les tirages de la Loterie, depuis 1776 jusqu'à l'époque dont nous parlons, se trouvent dans le tableau de rapprochement , il pourra en même-tems servir de liste des tirages. Et pour satisfaire les Actionnaires , nous allons donner la continuation des tirages, depuis le rétablissement de la Loterie Nationale de France , et nous y joindrons le nombre des tirages , ce que nous n'avons pu faire dans le tableau de rapprochement , parce que les pages étaient trop étroites.

Tirag.   A N   V I.

Tirag.						
629	16 Frimaire.	70	27	86	77	49
630	1 Nivôse.	2	44	17	67	15
631	16 Nivôse.	15	16	85	54	40
632	1 Pluviôse.	63	74	78	19	89
633	16 Pluviôse.	54	79	68	60	2
634	1 Ventôse.	79	85	27	57	53
635	16 Ventôse.	21	31	60	85	67
636	1 Germinal.	21	1	38	29	53
637	16 Germinal.	15	86	69	4	26
638	1 Floréal.	30	11	12	50	47
639	16 Floréal.	44	36	11	5	18
640	1 Prairial.	37	77	49	10	7
641	16 Prairial.	52	48	40	11	70
642	1 Messidor.	36	46	82	44	39
643	16 Messidor.	55	16	39	59	36
644	1 Thermidor.	86	62	15	44	73
645	16 Thermidor.	29	75	11	89	90
646	1 Fructidor.	41	12	1	33	5
647	16 Fructidor.	83	42	60	79	5

A n V I I.

Tirag.						
648	1 Vendémiaire.	72	75	53	19	77
649	16 Vendémiaire.	30	86	40	78	74
650	1 Brumaire.	70	30	17	48	76
651	16 Brumaire.	20	4	52	47	10
652	1 Frimaire.	11	36	46	16	63
653	16 Frimaire.	46	89	73	17	23
654	1 Nivôse.	88	46	81	57	66
655	16 Nivôse.	40	43	59	25	26
656	1 Pluviôse.	54	14	3	16	69
657	16 Pluviôse.	34	21	84	16	20
658	1 Ventôse.	36	11	64	81	61
659	16 Ventôse.	17	6	67	1	79
660	1 Germinal.	82	46	12	13	15
661	16 Germinal.	79	53	63	25	29
662	1 Floréal.	12	30	24	39	60
663	16 Floréal.	48	36	6	24	32
664	1 Prairial.	80	11	4	32	20
665	16 Prairial.	46	84	64	43	62
666	1 Messidor.	14	23	18	69	77
667	16 Messidor.	44	13	36	39	3
668	1 Thermidor.	72	63	31	57	19
669	16 Thermidor.	43	84	11	54	64
670	1 Fructidor.	78	66	46	63	34
671	16 Fructidor.	13	67	73	26	71

A n V I I I.

672	1 Vendémiaire.	13	68	76	3	6
673	16 Vendémiaire.	82	32	60	42	51
674	1 Brumaire.	35	18	79	62	19
675	16 Brumaire.	49	29	38	12	89

SUITE DE L'AN VIII.

Tirag.						
676	1 Frimaire.	90	27	26	28	64
677	16 Frimaire.	85	48	12	65	15
678	1 Nivôse.	57	17	14	40	55
679	16 Nivôse.	88	90	74	78	61
680	1 Pluviôse.	79	65	29	74	69
681	16 Pluviôse.	42	61	37	84	50
682	1 Ventôse.	64	5	33	85	28
683	16 Ventôse.	69	13	30	9	61
684	1 Germinal.	4	83	8	9	69
685	16 Germinal.	48	26	14	19	9
686	1 Floréal.	50	51	48	40	83
687	16 Floréal.	23	57	47	81	43
688	1 Prairial.	59	62	49	19	63
689	16 Prairial.	30	71	61	50	42
690	1 Messidor.	24	44	16	86	52
691	16 Messidor.	10	87	44	68	77
692	1 Thermidor.	66	67	16	41	80
693	16 Thermidor.	39	65	56	52	7
694	1 Fructidor.	34	43	84	18	33
695	16 Fructidor.	56	3	84	8	78

AN IX.

696	1 Vendémiaire	51	26	65	19	87
697	16 Vendémiaire.	1	77	9	41	82
698	5 Brumaire.	81	87	64	12	75
699	15 Brumaire.	51	24	35	75	17
700	25 Brumaire.	8	48	11	70	22
701	5 Frimaire.	15	40	48	32	69
702	15 Frimaire.	36	24	44	19	47
703	25 Frimaire.	44	19	6	48	35

SUITE DE L'AN IX.

704	5 Nivôse.	61	83	52	80	75
705	15 Nivôse.	52	58	7	71	44
706	25 Nivôse.	64	63	80	1	24
707	5 Pluviôse.					
708	15 Pluviôse.					
709	25 Pluviôse.					
710	5 Ventôse.					
711	15 Ventôse.					
712	25 Ventôse.					
713	5 Germinal.					
714	15 Germinal.					
715	25 Germinal.					
716	5 Floréal.					
717	15 Floréal.					
718	25 Floréal.					
719	5 Prairial.					
720	15 Prairial.					
721	25 Prairial.					
622	5 Messidor.					
723	15 Messidor.					
724	25 Messidor.					
725	5 Thermidor.					
726	15 Thermidor.					
727	25 Thermidor.					
728	5 Fructidor.					
729	15 Fructidor.					
730	25 Fructidor.					

AN X.

731	5 Vendémiaire.					

SUITE DE L'AN X.

732	15 Vendémiaire.
733	25 Vendémiaire.
734	5 Brumaire.
735	15 Brumaire.
736	25 Brumaire.
737	5 Frimaire.
738	15 Frimaire.
739	25 Frimaire.
740	5 Nivôse.
741	15 Nivôse.
742	25 Nivôse.
743	5 Pluviôse.
744	15 Pluviôse.
745	25 Pluviôse.
746	5 Ventôse.
747	15 Ventôse.
748	25 Ventôse.
749	5 Germinal.
750	15 Germinal.
751	25 Germinal.
752	5 Floréal.
753	15 Floréal.
754	25 Floréal.
755	5 Prairial.
756	15 Prairial.
757	25 Prairial.
758	5 Messidor.
759	15 Messidor.
760	25 Messidor.
761	5 Thermidor.
762	15 Thermidor.

SUITE DE L'AN X.

763	25 Thermidor.
764	5 Fructidor.
765	15 Fructidor.
766	25 Fructidor.

AN XI.

767	5 Vendémiaire.
768	15 Vendémiaire.
769	25 Vendémiaire.
770	5 Brumaire.
771	15 Brumaire.
772	25 Brumaire.
773	5 Frimaire.
774	15 Frimaire.
775	25 Frimaire.
776	5 Nivôse.
777	15 Nivôse.
778	25 Nivôse.
779	5 Pluviôse.
780	15 Pluviôse.
781	25 Pluviôse.
782	5 Ventôse.
783	15 Ventôse.
784	25 Ventôse.
785	5 Germinal.
786	15 Germinal.
787	25 Germinal.
788	5 Floréal.
789	15 Floréal.
790	25 Floréal.

SUITE DE L'AN XI.

791	5 Prairial.
792	15 Prairial.
793	25 Prairial.
794	5 Messidor.
795	15 Messidor.
796	25 Messidor.
797	5 Thermidor.
798	15 Thermidor.
799	25 Thermidor.
800	5 Fructidor.
801	15 Fructidor.
802	25 Fructidor.

	AN IX.						Suite de l'AN X.	
Frimai.	39	62	68	63	21	Brum.		
	16	64	52	73	29			
	66	16	5	57	58			
Nivose	57	62	75	85	27	Frimai.		
	63	61	69	82	31			
	68	5	23	19	46			
Pluvios.	83	46	27	62	61	Nivose		
	63	56	35	1	60			
Ventos.						Pluvios.		
Germin						Ventos.		
Floréal						Germin		
Prairial						Floréal		
Messid.						Prairial		
Therm.						Messid.		
Fructid						Therm.		
AN X.						Fructid.		
Vend.								

	AN IX.						Suite de l'AN X.
Nivose	{	46	2	47	15	11	Frimai. {
		74	79	32	39	23	
		54	82	45	8	74	
Pluvios.	{	82	39	79	66	12	Nivose {
		88	87	37	12	39	
Ventos.	{						Pluvios. {
Germin	{						Ventos. {
Floréal	{						Germin {
Prairial	{						Floréal {
Messid.	{						Prairial {
Therm.	{						Messid. {
Fructid.	{						Therm. {
			AN X.				Fructid {
Vend.	{						
Brum.	{						

A n I X.	A n X.
{	{
{	{
{	{
{	{
{	{
{	{
{	{
{	{
{	{
{	{
{	{
{	{

An IX.	An X.
{	{
{	{
{	{
{	{
{	{
{	{
{	{
{	{
{	{
{	{
{	{
{	{

A V I S.

Toutes les cabales qui suivent ont été faite par Cagliostro pour toutes les loteries composées de 90 numéros ; il ne s'agit que d'appliquer l'opération pour les tirages auxquels on veut s'intéresser ; c'est-à-dire, qu'il faut suivre, soit pour les tirages de Bruxelles, soit pour ceux de Lyon ou tout autre tirage, les mêmes règles que celles indiquées pour Paris, comme on va le voir par les exemples ci-après, en observant de prendre pour base les numéros de Bruxelles pour les cabales de Bruxelles ; les numéros de Paris pour la cabale de Paris ; de Lyon pour la cabale de Lyon ; ainsi de suite suivant les loteries, mêmes étrangères, auxquelles l'actionnaire desire jouer.

CABALES DIVERSES,

Pour trouver les numéros qui doivent sortir à la Loterie.

Nous allons indiquer différentes cabales, les unes déjà connues, et beaucoup qui ne le sont pas. Toutes produisent des résultats satisfaisans, comme on le verra par les exemples servant de preuves. Ce n'est pas que nous voulions inférer de-là qu'elles soient infaillibles, et qu'elles ne doivent jamais manquer à aucun tirage ; mais rarement elles ne produisent pas un ou deux numéros. Nous ne les donnons, d'ailleurs, que pour les actionnaires habitués à cabaler.

CABALE DU DIX, OU LA PYRAMIDE.

Par le moyen de cette règle, on obtient six nombres, qui, par l'addition, l'inversion ou la réunion, vous donnent toujours plusieurs numéros à chaque tirage.

Pour opérer cette cabale, on prend les cinq numéros du dernier tirage, suivant l'ordre de leur sortie. On les range sur une même ligne, à côté l'un de l'autre, et on y ajoute les nombres 7. 15. 12. Pour bien faire comprendre ce que nous disons, nous allons donner plusieurs exemples.

PREMIER EXEMPLE

Sur les tirages de Paris.

Les cinq premiers nombres ci-après, sortis le

16 décembre 1789 , produiront ceux qui doivent sortir au tirage du 2 janvier 1790.

$$53:90:35\cdot3:72:71512$$
$$8294880998663$$
$$013268087429$$
$$2458489516\iota$$
$$6932274677$$
$$525491034$$
$$77930147$$
$$4623251$$
$$085576$$
$$93023$$
$$2335$$
$$\overline{568}$$
$$14$$
$$\underline{5}$$

Manière d'opérer dans cet Exemple.

Après avoir posé vos numéros , vous dites 5 et 3 font 8 , vous posez 8 sous 5 et 3. Vous reprenez une seconde fois ce même 3 et l'additionnez avec le 9 suivant , et dites 3 et 9 font 12, posez 2 sous les 3 et 9. Vous dites 9 et o font 9 , car lorsque le zéro vient après le chiffre , il ne compte pour rien ; et au contraire, s'il y eût eu o et 9 , vous eussiez été obligé de compter 10 , parce que o vaut 1 lorsqu'il est antécédent. Vous dites donc 9 et o font 9 , que vous posez sous ces mêmes 9 et o. Vous continuez zéro et 3 font 4 , parce qu'ici le zéro est antécédent, et qu'il vaut 1 , que vous mettez sous les 3 et 4 ; ensuite vous reprenez 3 et 5 font 8 , vous posez 8 sous les 3 et 5, et ainsi de suite jusqu'au dernier nombre.

Lorsque votre addition ne vous donne plus que quatre chiffres, vous tirez une ligne dessous, et il ne vous vient plus que six nombres, qui immanquablement vous produiront un ou plusieurs numéros pour le tirage suivant. Ce que prouve l'exemple ci-dessus, dont les deux nombres du milieu, dans les six chiffres du bas de la pyramide, qui sont 1 et 4, font 41, par inversion, et le 41 sortit au tirage du premier janvier 1790.

SECOND EXEMPLE

Sur les tirages de Paris.

Par les numéros du 2 janvier 1790.

```
76:3:75:40:41:81512
   3902945599663
    293139048529
     12442952371
      3686147508
       944751259
        38126374
         1938901
          021792
           33861
            6147
           ─────
            751
            26
             8
           ─────
```

Dans la première ligne des six nombres du bas de la colonne, vous avez 7, 5, 1; joignez ce dernier au 7, donne 17, et 12 en joignant encore le 1 au 2; 67 en joignant le 6 au 7; et 81 en joignant le 8 au 1 ; ce qui donne 12 17 67 81 au tirage du 16 janvier.

TROISIEME EXEMPLE

Sur les tirages de Paris.

Par les numéros du 16 janvier 1790.

$$24:17:67:12:81:91512$$
$$6583383090 0663$$
$$131611309 1729$$
$$44772430 0891$$
$$814967319 70$$
$$953530 4067$$
$$48883547 3$$
$$266189 10$$
$$8279701$$
$$096672$$
$$05239$$
$$6752$$

$$327$$
$$59$$
$$4$$

Les numéros sortis le premier février, sont :

$$86, 75, 83, 19, 34.$$

Dans les 6 chiffres du bas de la colonne, vous trouvez 34 et 75, ce qui forme un ambe.

Nous croyons que ces explications et exemples suffiront pour faire comprendre à nos lecteurs ce que c'est que la règle du 10.

Cette cabale doit se commencer au mois de décembre de chaque année, par les numéros du tirage du 16 du même mois. Le nombre 71512 qu'on met à la fin des numéros, augmenté de dix mille à tous les tirages, jusqu'à ce que l'année soit révolue, et alors on revient à 71512.

EXEMPLE.

Au tirage du premier Janvier, à Paris....`71512
    à celui du 16....................... 81512
    à celui du premier Février.......... 91512
    à celui du 16...................... 101512

Comme on voit par cet exemple, on augmente ce nombre de dix mille à chaque tirage, et c'est sans doute ce qui a donné à cette règle le nom de cabale du 10

CABALE DU NEUF.

A l'exception des neuf unités, tous les numéros de la Loterie ont chacun leur cabale particulière; cette cabale se fait par 9; et chaque numéro produit douze nombres, lesquels liés et combinés ensemble, fournissent deux et souvent trois numéros pour le tirage suivant.

Rien de plus facile que la cabale par 9. Elle consiste à additionner ensemble plusieurs nombres à côté l'un de l'autre ; et lorsque cela passe 9 , on soustrait ce 9 , et on pose le nombre excédent au-dessous des chiffres qu'on additionne. Nous ferons comprendre cela beaucoup mieux par un exemple. Nous prenons le numéro 10.

$$101$$
$$112$$
$$235$$
$$584$$
$$43.$$

En commençant par le 1 qui concourt à former le numéro 10 ; vous dites, 1 et 0 font 1 , parce que le 0 ne compte pour rien, et vous mettez cet 1 à côté du 0. Ensuite vous recommencez l'addition des trois chiffres, et dites encore 1 et 0 font 1 , et vous le posez dessous comme vous voyez dans l'exemple ; vous continuez à dire, 0 et 1 font 1 que vous posez sous le 0. Vous avez à cette seconde ligne deux fois un, ce qui fait deux, mettez le nombre 2 à côté, ensuite dites, 1 et 1 font deux , posez ce 2 sous le premier 1 de la deuxième ligne ; puis reprenez le second 1 , et additionnez avec le 2 , qui fera 3 ; posez 3 ; additionnez le 2 et le 3 de cette ligne , cela fait cinq , que vous posez auprès du 3. Jusqu'à présent voici trois lignes de chiffres ; pour former la quatrième , vous recommencez votre addition, et dites, 2 et 3 font 5 ; posez cinq sous 2 ; ensuite 3 et 5 font huit , posez huit sous le 3 ; et enfin l'addition de ces 5 et 8 vous donne 13 ; il faut soustraire le 9 et poser

auprès du 8 l'excédent 4. Voici quatre lignes com-
plettes de trois nombres chacune : votre calcul
doit cesser à la cinquième par l'addition seulement
des 3 nombres de la quatrième ligne ; vous dites
donc, 5 et 8 font 13 ; en ôtant 9, reste 4 qu'on
pose sous le 5. Et 8 et 4 font 12, ôtant 9, reste 3.
Cela vous donne le nombre 43. Il en est de même
de tous les autres numéros, jusqu'à 90.

Résumé. Comme on vient de le voir par l'explication de cet exemple, la cabale d'un numéro
produit cinq lignes, dont quatre sont formées de 3
nombres et une de 2. Le nombre du milieu s'additionne deux fois : la première avec le chiffre an-
térieur, et la seconde avec le postérieur. La cinquième ligne n'est que de deux nombres, parce
qu'on doit cesser d'additionner à cette cinquième
ligne. Nous ne nous sommes tant étendus sur cette
explication, que pour faire parfaitement comprendre à nos lecteurs cette cabale, qui est la clef
d'un très-grand nombre d'autres.

Nous allons actuellement donner une table
générale de tous les 90 numéros, cabalés par 9.
Cette opération ne commence qu'au numéro 10,
parce que les neuf unités ne peuvent se multiplier, un ne pouvant jamais faire qu'un.

Table générale de tous les numéros cabalés par 9.

N°. 10...	101.	N°. 11...	112.	N°. 12...	123.
	112.		235.		358.
	235.		584.		843.
	584.		437.		371.
	43.		71.		18.
N°. 13...	134.	N°. 14...	145.	N°. 15...	156.
	472.		595.		628.
	292.		551.		819.
	224.		167.		911.
	46.		74.		12.
N°. 16...	167.	N°. 17...	178.	N°. 18...	189.
	742.		865.		988.
	268.		527.		876.
	854.		797.		641.
	49.		77.		15.
N°. 19...	191.	N°. 20...	202.	N°. 21...	213.
	112.		224.		347.
	235.		461.		729.
	584.		178.		922.
	43.		86.		24:
N°. 22...	224.	N°. 23...	235.	N°. 24...	246.
	461.		584.		617.
	178.		437.		786.
	865.		718.		652.
	52.		89.		27.

Suite de la Table générale de tous les numéros cabalés par 9.

N°. 25... 257.	N°. 26.. 268.	N°. 27.. 279.
731	854	977
145	494	753
595	448	382
55	83	21

N°. 28... 281.	N°. 29.. 292.	N°. 30.. 303.
191	224	336
112	461	696
235	178	663
58	86	39

N°. 31... 314.	N°. 32.. 325.	N°. 33.. 336.
459	573	696
955	314	663
516	459	393
67	95	33

N°. 34... 347.	N°. 35.. 358.	N°. 36.. 369.
729	843	966
922	371	639
246	189	933
61	98	36

N°. 37... 371.	N°. 38.. 382.	N°. 39.. 393.
189	213	336
988	347	696
876	729	563
64	92	39

Suite de la Table générale de tous les numéros cabalés par 9.

N°. 40... 404.	N°. 41.. 415.	N°. 42.. 426.
448	562	685
832	281	549
257	191	944
73	11	48

N°. 43... 437.	N°. 44.. 448.	N°. 45.. 459.
718	832	955
898	257	516
887	731	674
76	14	42

N°. 46.. 461.	N°. 47. 472	N°. 48.. 483
178	292	325
865	224	573
516	461	314
67	17	45

N°. 49.. 494.	N°. 50. 505	N°. 51.. 516.
448	551	674
832	167	426
257	742	685
73	26	54

N°. 52.. 527.	N°. 53. 538	N°. 54.. 549.
797	821	944
775	134	483
538	472	325
82	29	57

Suite de la Table générale de tous les numéros cabalés par 9.

N°. 55..	551.	N°. 56.	562	N°. 57..	573.
	167		281		314
	742		191		459
	268		112		955
	85		23		51

N°. 58..	584.
	437
	718
	898
	88

N°. 59..	595.	N°. 60.	606	N°. 61..	617.
	551		663		786
	167		393		652
	742		336		279
	26		66		97

N°. 62..	628.	N°. 63.	639	N°. 64..	641.
	819		933		156
	911		369		628
	123		966		819
	35		63		91

N°. 65..	652.	N°. 66.	663	N°. 67..	674
	279		393		426
	977		336		685
	753		696		549
	38		66		94

*Suite de la Table générale de tous les numéros
cabalés par 9.*

Nº. 68...	685.	Nº. 69..	696.	Nº. 70..	707.
	549		663		775
	944		393		538
	483		336		821
	31		69		13
Nº. 71...	718.	Nº. 72..	729.	Nº. 73..	731.
	898		922		145
	887		246		595
	764		617		551
	41		78		16
Nº. 74...	742.	Nº. 75..	753.	Nº. 76..	764.
	268		382		415
	854		213		562
	494		347		281
	44		72		19
Nº. 77...	775.	Nº. 78..	786.	Nº. 79..	797.
	538		652		775
	821		279		538
	134		977		821
	47		75		13
Nº. 80...	808.	Nº. 81..	819.	Nº. 82..	821.
	887		911		134
	764		123		472
	415		358		292
	56		84		22

Suite de la Table générale de tous les numéros cabalés par 9.

N°. 83... 832.	N°. 84.. 843.	N°. 85.. 854.
257	731	494
371	189	448
145	988	832
59	87	25

N°. 86... 865.	N°. 87.. 876.	N°. 88.. 887.
527	641	764
797	156	415
775	628	562
53	81	28

N°. 89... 898.
887.
764.
415.
56.

Nota. Dans ces cabales, tous les numéros qui passent 90, se prennent à l'inverse. Ainsi 92 donne 29 ; et 95, 59, etc.

SAVANTES COMBINAISONS
ASTRONOMIQUES,

Applicables à toutes les Loteries de quatre-vingt-dix numéros, et qui feront trouver deux ou trois numéros à chaque tirage.

Avant de faire connoître les cabales résultantes de ces combinaisons, il est nécessaire que nous indiquions à nos lecteurs plusieurs choses indispensables sur le systême planétaire, d'où vont dériver les calculs précieux que nous allons enfin mettre au jour.

Les douze mois de l'année ont chacun leur planette et leur signe. Chaque planette et signe a son numéro, comme le fait voir la table suivante.

PREMIERE TABLE CÉLESTE.

Planettes et signes du Zodiaque de chaque mois, avec leurs numéros respectifs.

Mois.	Planettes.	N°.	Signes.	N°.
Janvier.	Saturne	88.	Verseau	42.
Février.	Jupiter	86.	Poissons	34.
Mars.	Mars	76.	Bélier	15.
Avril.	Vénus	87.	Taureaux	33.
Mai.	Mercure	40.	Gémeaux	18.
Juin.	Lune	60.	Ecrevisse	9.
Juillet.	Soleil	67.	Lion	27.
Août.	Mercure	70.	Vierge.	36.
Septembre.	Vénus	76.	Balance	8.

Octobre.   Mars   92.   Scorpion   81.
Novembre. Jupiter   45.   Sagittaire   31.
Décembre. Saturne   102.   Capricorne 28.

Il faut observer que ces signes ne commencent à dominer que vers le vingt de chaque mois. Pour ne pas se tromper, il faudra voir la table ci-jointe, qui indique l'heure du lever du soleil, et l'époque à laquelle chaque signe commence à dominer.

Les jours de la semaine et les heures de chaque jour sont également présidés par leurs planettes respectives. Les planettes des heures varient suivant les jours, comme le fera voir la table suivante.

DEUXIEME TABLE CÉLESTE.

Planettes des jours de la semaine, accompagnées de leurs numéros.

Numéros sympathiques des jours de la semaine.

Numéros sympathiques des jours de la semaine.	Planettes.	Numéros.
116. Dimanche.	Soleil.	25.
13. Lundi. –	Lune.	36.
101. Mardi.	Mars.	14.
12. Mercredi.	Mercure.	39.
33. Jeudi.	Jupiter.	73.
25. Vendredi.	Vénus.	45.
39. Samedi.	Saturne.	59.

TROISIÈME TABLE CÉLESTE.

Planettes dominantes chaque heure du jour, avec leurs numéros. On compte le jour depuis le lever du Soleil.

HEURES DU JOUR.

Heures.	1	2	3	4	5	6	7	8	9	10	11	12
Dimanche.	Sol.	Vén	Mer.	Lune	Sat.	Jup.	Mars	Sol.	Vén.	Lune	Sat.	Jup.
Numéros.	1 4	6	5	7 2	8	3	9 1	4	6	7 2	8	3
Lundi	Lune	Sat.	Jup.	Mars	Sol.	Vén.	Mer.	Lune	Sat.	Jup.	Mars	Sol.
Mardi	Mars	Sol.	Vén.	Mer.	Lune	Sat.	Jup.	Mars	Sol.	Vén.	Mer.	Lune
Mercredi	Mer.	Lune	Sat.	Jup.	Mars	Sol.	Vén.	Mer.	Lune	Sat.	Jup.	Mars
Jeudi	Jup.	Mars	Sol.	Vén.	Mer.	Lune	Sat.	Jup.	Mars	Sol.	Vén.	Mer.
Vendredi	Vén.	Mer.	Lune	Sat.	Jup.	Mars	Sol.	Vén.	Mer	Lune	Sat.	Jup.
Samedi	Sat.	Jup.	Mars	Sol.	Vén	Mer.	Lune	Sat.	Jup.	Mars	Sol.	Vén.

Explication des abréviations. Sol. *signifie* Soleil. Vén *signifie* Vénus. Mer. *signifie* Mercure. Sat. *signifie* Saturne. Jup. *signifie* Jupiter.

Explication de la troisième Table.

La première ligne de chiffres, de la table précédente, forme les douze heures du jour ; la seconde indique les planettes qui président à ces heures ; et la troisième, qui est la seconde de chiffres, est composée des numéros attachés à ces planettes. Nous n'avons pas cru devoir mettre ces nombres sous chaque planette de toute la semaine, pour ne nous pas répéter inutilement. Il suffit de les avoir indiqués une fois pour toutes, puisque ces numéros ne varient pas.

Comme on voit, les planettes dominant les heures, donnent des numéros différents de ceux sur lesquels elles influent lorsqu'elles président les jours ou les mois.

Les nombres doubles des planettes se jouent unis et désunis. Par exemple, le soleil donne les numéros 1 4 5 14 41.

Avec une étude bien réfléchie de ces Tables Célestes, et sur-tout avec un calcul fait avec précision, on parviendra à extraire, des nombres planétaires cabalistiques, deux, trois, et quelquefois quatre numéros pour les tirages des Loteries composées de quatre-vingt-dix numéros.

Nous allons expliquer quelques-unes des manières de s'en servir Il faut commencer par prendre la date du jour du mois où on fait sa mise, et ensuite les numéros de la planette et du signe qui dominent en ce même mois ; y ajouter le nombre sympathique du jour de la semaine, le nombre de la planette qui préside au jour , et enfin le numéro de la planette qui préside à l'heure ; rangez tous ces nombres les uns à côté des autres , et les cabalez par neuf , en formant la pyramide , comme dans la règle du dix , dont elle ne différencie , que parce que , toutes les fois qu'on a neuf , on le supprime pour ne poser que l'excédent. Nous ferons beaucoup mieux comprendre tout cela par des exemples. Faites attention et examinez alternativement les exemples et les tables.

EXEMPLE.

Sur les tirages de Paris.

J'ai fait une mise au mois de Janvier 1791 , pour le tirage du 17.

La planette de Janvier est Saturne , et son numéro 88

Son signe dominant est , jusqu'au 19 , le Capricorne ; je prends son numéro. . . 28

Je faisais ma mise le Lundi, dont le nombre sympathique est 13

La Lune domine ce jour ; son numéro est 36

Et je faisais ma mise le dix . . . . 10 à midi , heure présidée par la planette de Saturne , numéro 8

$$88:28:13;36:10:8$$
$$7119469718$$
$$821416789$$
$$13557468$$
$$4813215$$
$$394536$$
$$34989$$
$$7488$$
$$237$$
$$51$$
$$6$$

La pointe de la pyramide me donna le terne par le 51 23 78 , qui sortirent au tirage du 17 Janvier. Remarquez que lorsque deux nombres se répètent à la fin de la quatrième ligne , en montant, et ne sont pas séparés, le dernier de la troisième ligne devient le commandeur , et va s'unir au nombre répété, comme vous le voyez en 78. Mais ils seraient devenus commandeurs s'ils eussent été partagés par le 4 qui est avant eux.

Bonnes et mauvaises planettes, suivant leurs différents aspects.

Des sept planettes , les unes sont bonnes, les autres mauvaises, dans certains instans, suivant leurs différens aspects. Pour faire ses mises , il faudra donc choisir les plus favorables. C'est ce que nous allons indiquer ci-après.

Dimanche à 6 heures du matin jusqu'à 7 , et depuis 1 heure jusqu'à 2.	Soleil. Moyennement bon.
Lundi 10 heures du matin jusqu'à 11.	Lune. Moyennement bonne.
Mardi 7 heures du matin jusqu'à 8.	Mars. Mauvais.
Mercredi 11 heures du matin jusqu'à midi.	Mercure. Moyennement bon.
Jeudi 8 heures jusqu'à 9 du matin.	Jupiter. Bien bon.
Vendredi à midi jusqu'à 1 heure.	Vénus. Bonne.
Samedi 9 heures du matin jusqu'à 10.	Saturne. Mauvais.

Nota. Pour connaître les différens aspects, on pourra consulter le *Messager Boiteux.*

CABALE

DES GRANDE ET PETITE MASSES.

On prend les numéros qu'on veut cabaler, on les additionne tous ensemble comme simples unités, pour la petite Masse, sans compter les dixaines ; ce qu'on fait, au contraire, pour la grande Masse. Prenons pour exemple les numéros du tirage du 16 Août 1791.

$$5$$
$$73$$
$$79$$
$$20$$
$$46$$

Total. . . . 223 . . . Grande Masse.

Pour faire la petite Masse , dites , en faisant l'addition , 6 et 9 font 15 , et 3 font 18 , et 5 font 23 ; redescendez la colonne des dixaines, en additionnant de haut en bas, et continuez , 23 et 7 font 30 ; et 7 font 37 , et 2 font 39 , et 4 font 43 , qui est le total pour la petite Masse. Joignez ensemble ces deux Masses , ajoutez-y l'Epacte, le numéro des planettes du mois, du jour et de l'heure , dominants ; le jour où s'est fait le tirage; et enfin, le numéro attribué au signe du mois.

EXEMPLE.

Grande Masse...................... 223
Petite Masse......... 43
Signe , Lion..................... 27
Planette , Mercure.............. 70
Planette du jour , Mars......... 9
Planette de l'heure , Jupiter.... 3
Epacte. 25

Grande Masse. . . . 400
Petite Masse. 47

Cabalé par 9........... 447
82
1

Vous trouvez dans les 6 nombres du bas de cette colonne, les numéros 17 et 18, qui vous donnent un ambe, première et seconde sortie, au tirage suivant.

Ces exemples suffiront pour instruire suffisamment les actionnaires, et les mettre à même de composer seuls beaucoup d'autres cabales.

TABLES SECRETTES DIVINATOIRES

DU CELEBRE OROMASIS,

dit CAGLIOSTRO;

Par le moyen desquelles cet homme extraordinaire découvrait les jours heureux ou malheureux, lorsqu'il formait quelque entreprise.

Oromasis, connu, en France et dans toute l'Europe, sous le nom de *Cagliostro*, naquit d'un Schérif de la Mecque : la nature lui avait prodigué toutes les dispositions nécessaires à un homme qui veut se livrer aux sciences abstraites. Son père, fameux philosophe Arabe, qui, dès son enfance, avait fait de la nature une étude approfondie, voulut transmettre à son fils toutes les découvertes précieuses, fruits de ses longs travaux, et de ses recherches pendant plus de soixante années. A vingt ans, Oromasis se trouva donc avoir toute l'expérience de près d'un siècle ; et combien n'y ajouta-t-il pas dans ses nombreux voyages !

Une de ses découvertes cabalistiques, fut la composition d'une roue, dont tous les caractères différens, par la supputation qu'il en faisait, désignaient les bons ou mauvais succès que pouvaient avoir ses entreprises.

La clef mystérieuse de cette roue, est renfermée dans trois tables, dont nous allons donner connaissance à nos lecteurs ; ils seront à même de juger quel dégré de confiance ils doivent y avoir.

La première table est composée de vingt-quatre lettres de l'alphabet, accompagnée chacune d'un nombre produit par un calcul cabalistique.

La seconde table est formée des jours de la semaine, et du nombre qui leur est propre, des planettes qui y président, et de leur numéro.

La troisième table, divisée en quatre parties, désigne, par carrés, les nombres heureux ou malheureux. Voici ces tables.

PREMIERE TABLE MYSTIQUE.

A	B	C	D	E	F	G	H
4	6	26	18	12	14	21	28
I	K	L	M	N	O	P	Q
11	16	12	19	11	9	12	8
R	S	T	U	V	X	Y	Z
12	21	6	9	13	12	30	20

Pour la seconde Table, voyez la Céleste, page 132.

TROISIÈME TABLE MYSTIQUE.

Nombres très-heureux.	Nombres très-mauvais.
1 2 3 4 8 9 11 13 14	10 16 17 18 20 21 29
Nombres heureux.	Nombres mauvais.
5 6 7 12 15 19 22 26	23 24 25 27 28 30

Explication et manière de se servir de ces Tables.

Quand vous desirerez savoir l'heureux ou malheureux succès des entreprises que vous voudrez former, prenez le nombre que vous trouverez au-dessous de la première lettre de votre nom de baptême, dans la première table ; ajoutez le quantième du mois où vous êtes, le jour que l'entreprise doit commencer, le quantième de la Lune (1) de ce même jour, le nombre sympathique de ce jour, le numéro de sa planette dominante (*Voyez la Table Céleste, page* 132.)

---

(1) *Il est bien facile, sans calendrier ni almanach, de connaître, sur-le-champ, le quantième de la Lune. Pour cela, prenez l'Epacte, le quantième du mois, et le nombre des mois qui se sont écoulés depuis Mars, inclusivement. Additionnez le tout, et divi-*

Faites une addition de tous les chiffres, et divisez-les par 30 ; le nombre excédent sera celui qui vous apprendra si le succès sera heureux ou malheureux, suivant que vous le trouverez placé dans les quarrés de la troisième Table. Si, votre division faite, il ne vous restait rien, le diviseur 30 sera le nombre que vous devez consulter. Et dans la Table il donne un mauvais pronostic.

Pour mieux faire comprendre ce que nous venons de dire, nous allons citer quelques évènemens arrivés, et connus de toute l'Europe, et puisés dans l'histoire. On verra si ce calcul sera juste.

---

sez par 30, *l'excédent sera le quantième de la Lune.*

E X E M P L E.

Le 25 Juillet 1791, je veux savoir combien il y a de jours de Lune, je pose la date. 25
  Depuis Mars jusqu'en Juillet, mois   5
  Epacte de 1791. 25
    Total. 55
    Divisés par 30
    Reste. 25

Cette règle est invariable, et plus sûre qu'un calendrier.

Si le total ne se montait pas à 30, ce total seroit lui-même le nombre de la Lune.

Nota. *Quoique dans le calendrier l'Epacte change tous les ans au mois de Janvier, cependant vous ne devez la changer qu'au mois de Mars, suiv..nt le systême de cette règle.*

Frédéric, roi de Dannemarck, et Charles d'Autriche, nous fourniront des exemples.

Le premier, par la descente qu'il fit en France.
Le second par la bataille de Sarragosse.

PREMIER EXEMPLE.

Frédéric fit sa descente le 11. . . 1709.	11
C'était de la Lune le.	11
Un Lundi.	13
Lune, planette dominante.	36
Première lettre de son nom, F. . . .	14
Total.	85
Divisez par.	30
Reste.	25

Qui annonce, au quatrième carré, mauvais succès. Et tout le monde sait que Frédéric fut battu.

DEUXIÈME EXEMPLE.

Charles d'Autriche, lettre C.	26
Livra bataille le	20
C'était de la Lune le	25
Le Mercredi, dont le nombre est. . .	12
Mercure est sa planette.	39
Total	122
Divisé par	30
Reste.	2

Nombre très-heureux, et Charles gagna la bataille.

Il est impossible de ne pas comprendre cette règle, d'après ces deux exemples.

AUTRE EXEMPLE.

Buonaparte, général de l'Armée Française en Italie, attaqua l'armée de l'Empereur à Lody, le 21 Floréal, an 4, (mardi 10 Mai 1796, v. st.).

Mai	10
C'étoit de la Lune le	3
Un Mardi	101
Mars, planette	14
Lettre du général, B.	6
Total.	134
Divisez par	30
Reste.	14

Ce nombre 14 est très-heureux, l'Armée Française remporta une victoire éclatante qui décida du sort de la Lombardie, et Beaulieu qui commandoit l'armée de l'Empereur, perdit 3000 hommes et 20 pièces de canon.

AUTRE EXEMPLE.

Les troupes de *Pitt*, à Ostende, le 20 mai.	20
C'étoit de la Lune le	5
Un dimanche.	116
Soleil, planette	25
La lettre P	12
Total	178
Divisez par	30
Reste	28

Le nombre 28 est mauvais ; les Anglais furent battus et perdirent 2000 hommes, le reste fut chassé et se rembarqua précipitamment.

NOUVEAUX RÊVES,

CURIEUX ET INTÉRESSANS,

DECOUVERTS PAR CAGLIOSTRO,

Et l'application qu'il en fait à toutes les Loteries composées de quatre-vingt-dix numeros; par ordre alphabétique.

A

RÊVER d'abbés, 7.
Voir un abreuvoir, 14.
— des abricots, 2.
— l'adresse d'une lettre, et la lire, 18.
— des affiches, 15.
Amandes qu'on voit, ou qu'on mange, 11.
Voir un ami, 9.
— des Amans, 10.
Voir, ou manger des Anguilles, 8.

Voir un ange, 1.
— de l'argent, 3.
— une arme, ou armée, 4.
Voir, ou manger des asperges, 5.
Voir des assiettes, 12.
— une auberge, ou qu'on y couche, 17.
Voir un autel, 6.
— un, ou des aveugles, 16.
Voir de l'avoine, 13.

B

VOIR un bain, ou se baigner, 31.
Voir des balances, 22.

— des bas, 28.
— un bâtiment neuf, 23.

E

VOIR des éclairs, 62. Voir des esclaves, 63.
—un égoût, 60.

F

RÊVER qu'on se met Voir une fontaine, 66.
   du fard, ou qu'on en — une forêt, 67.
   voit mettre, 68.   — des fruits, 73.
Voir des fleurs, 65.

G

VOIR ou marcher sur la glace, 69.

H

VOIR une hache, 64.   Voir une horloge, 71.
— un hermite, 70.   Rêver qu'on mange des
— des hommes se battre,   huîtres, 72.
   61.

J

VOIR un, ou des Juges, 74.

L

VOIR des lauriers, 78.   Voir un lion, 76.

M

Rêver de mariage, — un miroir, ou se mi-
qu'on se marie, 83.   rer, 82.
Voir des moutons, 79.
Voir la mer, 80.   — un moulin, 81.

N

Voir des nids d'oiseaux, 84.

P

Rêver qu'il pleut, Voir des poires ou des
89.   pommes, 87.
Rêver de pain, ou qu'on Voir des poissons, 86.
mange du pain, 25.   — des poulets, 90.

R

Voir des rats, 88.

S

Voir des souris, 85.   Voir des souliers, 36.

V

Voir de la viande de boucherie, 32.

LISTE GÉNÉRALE,

Disposée par ordre alphabétique, de toutes les choses rêvées, qui ont du rapport aux Loteries composées de quatre-vingt-dix numéros.

A

Abandon, 33, 75.
Abandonner, 3, 27, 75.
Abattre, abattu, 5, 32.
Abbaye, 73, 85.
Abbé et abbés, 6, 38, 44.
Abbé régulier, 43.
Abbesse ou supérieure de couvent, 72.
Abeille ou guêpe, 34, 86.
Abeilles faisant du miel, 3, 80.
Abîme ou abîmer, 3.
Aboiement de chiens, 54.
Abominables choses, 43.

Abondance quelconque, 2.
Abonnissement, 11, 79.
Abricots, 60.
Absence, 6.
Abstinence, 7, 15.
Absynte, 7.
Académicien, 5. 6.
Académiciens, 60.
Académie, 61.
Accaparement, 33.
Acclamations, 21.
Accouchement heureux, 78.
Accouchement fâcheux, 77.
Accueil favorable, 18, 54.

Accueil mauvais , 45 , 81.
Accusation , 29.
Achat , acheter , 18.
Acquisition de biens , 6 , 18.
Acreté , 1.
Acteur , 27.
Actrice , 23.
Adam et Eve , 24 , 49 , 51.
Admirer quelque chose , 2.
Adonné , 1 , 56.
Adoption et adopter , 6.
Adoration et adorer , 4.
Adorer des statues , 4 , 65.
Affable et affabilité , 53.
Affaires , faire des affaires , 16 , 38.
Affamé , 29.
Affiché et afficher , 51 , 83.
Affiches , 15.
Afflictions et peines , 3 , 17.
Affliger et affligé , 51.
Affaiblir et affaiblissement , 31 , 42.

Affront , 22.
Agacement de dents , 66.
Age ou âgé , 15 , 90.
Agneau et agneaux , 5 , 53.
Agonie , agonisant , 49 , 76.
Agraffes ou agraffer , 28 , 31.
Agrandissement , 90.
Agriculture , 12.
Aider et aide , 9 , 26.
Aigle et aigles , 11 , 51.
Aigrettes , 22 , 32.
— de diamans , 30.
— d'ambre , 70.
— de corail , 60.
— de perles , 90.
— de rubis , 75.
— de pierres précieuses , 6.
Aiguilles à coudre , 1 , 61.
Ail et bottes d'ail , 3 , 12 , 41.
Aile et ailes , 76.
Aimant , 57 , 88.
Aimer quelqu'un , 26.
Ajustement , 5 , 75.
Alambic , 8 , 42.
Alarmes , 5 , 33.

B.

C.

D.

DAIM, 6.
Dais, 40.
Dame et dames , 28 , 43, 80.
Damné, 74.
Damoiselle, 10.
Damoiseau pauvre , 90,
— riche, 81.
Danser, 8.
Danseur, 8, 24.
Danseur de corde, 10, 19.
Danseuse, 8, 59.
Dates, 17, 49.
Dauphin, 37.
Dauphine, 30.
Débauche, faire la débauche, 51.
Débiteur, 90.
Décharge de canon, 13.
Déchausser et déchaussé, 19.
Déchirer en pièces , 87.
Décimes, 76.
Décoëffer, et décoëffé, 33.
Décorations, 48.
Découverte, 48, 52.
Découvrir, 48.

Décroter , décroteur , 45.
Défendre , 48.
Défenseur et défense , 36, 65.
Défriser quelqu'un , 10.
Dégagé, 22.
Dégeler et dégel, 87.
Dégoûter et dégoûté , 12.
Dégraisseur, 40, 43.
Déjeûné, 35.
Délicat et délicatesse , 37, 46.
Délices et délicieux, 15.
Délire, 16, 47.
Délivrer et délivrance , 29.
Déluge , 87.
Demande et demander, 20.
Demander l'aumône , 17.
Démangeaison , 17.
Démasquer et démasqué , 88.
Dénicher , 40.
Dentelles, 72.
Dentiste, 37, 73.

E.

F.

G.

Gabelle, 80.

Gager, donner caution, 8.

Gagé et gageure, 50, 63.

Gaieté, être gai, 80.

Gain, 80.

Gaîne, fourreau, 89.

Galant, 15.

Gale et galeux, 5, 10.

Galère, 1, 53.

Galerie, 39.

Galériens, 69, 80.

Galon d'argent, 54.

— d'or, 62.

— de soie, 86.

Gangrène, 2.

Gants, 2, 62.

Gantier, 4, 31.

Garçon, 36.

Garde d'épée, 49.

Garde-robe, 67.

Garde et gardien, 10.

— de brebis, 57.

— de chèvres, 33, 37.

— de cochons, 6.

— de moines, 37.

Garnison de soldats, 77.

Garniture quelconque, 17.

Gâteau, 18, 40.

Gauffre, 1.

Gayac, 57.

Gaze, 16.

Gazette, 51.

Gazon, verdure, 8.

Geai, 22.

Géant et géante, 16, 37.

Gelée, 3.

Gémir, gémisement, 14.

Gendre, 20, 50.

Généalogie, 55.

Gêne et gêner, 7.

Général d'armée, 90.

Général de religion, 37.

Générosité et généreux, 40.

Genêt, 32.

Génie, 71.

Génisse, 31.

Genouil, 68.

Géographe, 14.

Géographie, 80, 84.

Géolier, 26.

Grenier, 60, 65.

Grenouilles en quantité, 66.

Griffes d'animaux, 5.

Gril et grille, 28.

Grillot, 2.

Grillon qui chante, 31.

Grimace et grimacier, faire des grimaces, 81, 87.

Grimoire, 19.

Grimper, pieds et mains, 77.

Grincement de dents, 32,

Grive, 81.

Gronder et gronderies, 8, 87.

Groseilles blanches, 7.

— rouges, 2.

Grossesse, 5.

Grotte, 63, 74.

Grue, 76.

Guerre, 56.

Guerrier, 76.

Guérir et guérison, 25.

Guérite, 67.

Guet à cheval, 2.

— à pied, 2 24.

Guetter quelqu'un, 2.

Guirlande, 76.

H.

HABILLEMENT, et s'habiller, 65.

Habits magnifiques, 80.

— ordinaires, 28, 67.

Hache, outil, 8, 70, 73.

Hacher, 12.

Haine et haïr, 88.

Haleine, 1.

Halle, 55.

Hallebarde, 46.

Hameçon, 23.

Hanneton, 28, 49

Hardies, hardiesse, 17.

Harengs frais, 10.

— salés, 17.

Harpe et en jouer, 5, 64.

Haut et hauteur, 39.

Hébreux, 88.

Hémorroïdes, 16.

Hérésies et hérétique, 87.

Héritages et héritiers, 58, 70.

Hermaphrodite, 21.

Hermitage, 90.

Hermite, 5.

Hêtre, arbre, 74.

J.

L.

M.

N.

O.

P.

B·

Queue , 6, 9.
Quilles à jouer , 1 , 51.
Quincaillerie, 64.
Quinquina , 1.

Quittance quelconque ,
2.
Quitter quelqu'un , 9 ,
59.

R.

RABARI, 10.
Rabotteux , (chemin)
63.
Racine et racines , 21 ,
43.
— de fleurs, 17.
Radoter et radotage ,
5, 21.
Raffiner, 19.
Rafraîchissement , 87.
Ragoût , 19.
Raie , poisson, 34.
Raifort , 1 , 11.
Rajeunir et rajeunisse-
ment , 2.
Raillerie , 7.
Raisin , 19 , 30.
— blanc , 32.
— frais, 20 , 45.
— rouge, 45.
— sec , 23.
Raisiné de Bourgogne ,
52.
Raison et raisonner ,
13.

Ramage d'oiseau, 6.
Ramasser quelque chose,
71.
Rameaux d'olivier ,
40.
Rameurs, 16.
Ramoneur, 60.
Rancune , 14.
Rape et raper , 28 ,
50.
Raser et rasoir, 36.
Ratafiat, 88.
Rateau, 75.
Rat de cave, 51.
Ravage et ravager , 80 ,
85 , 86.
Ravine d'eau , 72.
Ravir et ravissement ,
82.
Rayons de soleil , 1 ,
11.
Rebelles , 31.
Rébellion , 12.
Recette, 70.
Réchaux , 56.

S.

T.

Z.

INTERPRÉTATION

ET

EXPLICATION

DES SONGES;

Disposée par ordre alphabétique , pour que , par leurs moyens , les amateurs de la Loterie Nationale de France et autres Loteries de 90 numéros , puissent tenter la fortune.

Table alphabétique des Songes.

A.

Abeilles qui entrent dans la maison, signifie dommage pour ses ennemis.
Prendre des abeilles avec leur miel, dénote gain.
Tuer des abeilles, signifie perte.
Se voir abandonner des grands, dénote allégresse
E re accosié par un grand, signifie honneur.
Jouer avec son adversaire, dénote désavantage.

Commettre un adultère, signifie scandale donné.
Aller avec vîtesse, dénote être empressé.
Rire avec ses amis, signifie inimitié.
Voir paître des agneaux, ou les voir dormir, dénote peur,
Avoir des agneaux, signifie consolation.
Avoir un agneau sur la tête, dénote bon augure.
Entendre un âne braire, signifie fatigue et dommage.
Recevoir un anneau, dénote sûreté.
Nourrir des animaux, signifie richesse.
Appaiser qui crie, dénote emportement.
Abattre des arbres, signifie du mal.
Trouver un arbre, dénote désavantage.
Voir un arbre, signifie joie.
Voir un arbre sec, dénote perte.
Voir un arbre coupé, signifie préjudice.
Voir un arbre fleuri, dénote plaisir.
Voir un arbre avec ses fruits, signifie du bien.
Se voir sur un arbre, dénote bon message.
Compter de l'argent, signifie gain.
Manier de l'argent, dénote colère.
Manger de l'argent, signifie dommage.
Trouver de l'argent, dénote du bien.
Voir des armes, signifie obtenir des honneurs.
Voir des gens armés, dénote fatigue.
Voir des gens armés contre soi, signifie chagrin.
Se faire dire la bonne aventure ; dénote peine et embarras.
Etre aveugle, signifie la mort de parens.
Bâtir des autels, dénote allégresse.
Voir un autel détruit, signifie tristesse.

B.

Avoir en marchant un bâton ou une baguette
  à la main, dénote infirmité.
Avoir un bâton, signifie tristesse.
Faire un bain, dénote siége.
Se trouver au bain, signifie inquiétude.
Etre banni, dénote mutation.
Etre barbare, signifie chagrin.
Avoir la barbe longue, dénote gain.
Avoir la barbe petite, signifie grand procès.
Avoir la barbe noire, dénote dommage.
Avoir la barbe rousse, signifie péché.
Avoir la barbe aride, dénote allégresse.
Croire avoir de la barbe, signifie perte.
Etre saus barbe, dénote richesse.
Se raser la barbe, signifie préjudice.
Se trouver avec sa belle, dénote tentation.
Etre béni, signifie joie.
Etre inquiété par une bête, dénote être offensé
    par ses ennemis.
Voir des bêtes qui courent, signifie tribulation.
Voir des bêtes parler, dénote chagrin.
Se débattre avec des bêtes à quatre pieds, signifie
    infirmité.
Parler avec des bêtes, dénote mal.
Manger du beurre, signifie être en haine à ses
    parens.
Faire du bien, dénote contentement.
Faire du bien aux morts, signifie gain.
Etre vêtu de blanc, dénote joie.
Porter du bled, signifie infirmité.

Etre blessé par un loup, signifie tromperie de ses ennemis.
Voir des bœufs, signifie paix.
Voir des gros bœufs, dénote bon temps.
Voir des bœufs qui montent, dénote du mal.
Voir des bœufs blancs qui sautent, signifie honneur.
Voir des bœufs noirs, dénote périls.
Voir des bœufs sans cornes, signifie décampement des ennemis.
Voir des bœufs maigres, dénote bonne chère.
Voir des bœufs labourer, signifie gain.
Voir des bœufs qui se battent, dénote inimitié.
Etre peint sur bois, signifie longue vie.
Marcher en boitant, dénote paresse.
Manger des bonbons, signifie tromperie.
Manger du bouilli, dénote mélancolie.
Voir des boulets de canon, signifie misère.
Avoir les bras déliés, signifie graces.
Avoir de beaux bras, dénote amitié.
Avoir les bras sales, dénote misère.
Voir des brebis se battre, dénote du mal.
Voir des fleurs, signifie pleurs.

C.

Avoir des cabris, dénote consolation.
Etre dans un camp, signifie être trompé par ses ennemis.
Habiter la campagne, dénote persécution pour des biens.
Voir ou entendre tirer du canon, dénote destruction.

Chanter des cantiques, signifie infirmité.
Voir un cavalier descendre de cheval , dénote perte.
Avoir une ceinture d'or, signifie gain.
Avoir une ceinture d'argent, dénote du bien.
Voir des cerfs, signifie gain.
Manger de la chair humaine , dénote fatigue.
Monter en chaire, signifie qu'on est honoré.
Voir des chameaux, dénote richesse,
— des chambres dans les bois, signifie travail.
— des champignons, dénote longue vie.
— un chandelier, dont la chandelle rend une lumière brillante, signifie emprisonnement.
Allumer une chandelle, dénote joie.
Chanter des chansons à la louange de quelqu'un, signifie infirmité.
Voir une chanteuse, dénote gémissemens.
— des charbons ardens, signifie qu'il faut se garder de ses ennemis.
Manger des charbons, dénote dommage.
Voir des charrettes, signifie indisposition.
Descendre d'un charriot, dénote que les honneurs diminuent.
Avoir des chaussures neuves, signifie profit.
Marcher par un chemin boueux , dénote déplaisir.
Monter des chevaux blancs, signifie du bien.
Monter des chevaux noirs, dénote qu'on a reçu du dommage.
Voir des chevaux noirs, signifie embarras chagrinans.
Voir des chevaux blancs, dénote allégrese.

Voir des chevaux superbes , signifie expédition dans les affaires.

Hongrer des chevaux, dénote qu'on est accusé à tort.

Perdre son cheval, signifie mort d'amis.

La chûte des cheveux, ou se les arracher, dénote perte d'amis.

Avoir des chèvres blanches, signifie lucre.

Avoir des chèvres noires, dénote infortune.

Avoir des chèvres, signifie ni bien ni mal.

Avoir un chien , dénote compagnie ou fidélité dans ses domestiques.

Voir des chiens se battre, signifie qu'il faut se garder de ses ennemis.

Jouer avec un chien, dénote dommage.

Jouer avec des chiens, signifie avidité.

Etre molesté par un chien, dénote être chagriné par ses ennemis.

Goûter des choses douces, signifie fraude.

La chûte des dents, dénote la mort du père ou de la mère.

Faire une chûte, signifie bonheur.

Voir le ciel en feu, dénote changement et accroissement de bien.

Voir le ciel beau, signifie humanité.

— le ciel plein de fleurs , dénote des vérités apparentes.

Tomber dans une citerne, signifie calomnie.

Toucher du clavecin, dénote contestation.

Avoir une clef, signifie colère.

Voir un coffre plein , signifie abondance.

La chûte des colonnes de la maison, dénote la mort.

Combattre avec des sages, signifie punition des
ennemis.
Commercer avec ses marchandises, dénote exal-
tation.
Compter le monde, présage dignité et com-
mandement.
Etre avec une concubine, signifie sûreté.
Entendre un coq chanter, dénote bonne nou-
velle.
Voir un coq qui pond, signifie gain.
— un corbeau, dénote tentation.
— un corbeau voler, signifie péril de mort.
Avoir un corps robuste, dénote autorité.
Voir des corps qui tombent, signifie infirmité.
Avoir un cotillon blanc, dénote du goût.
Avoir un cotillon uni, signifie du mal.
Etre vêtu de différentes couleurs, dénote chagrin.
Courir vîte, signifie bonne fortune.
Courir nud, dénote être trompé par ses parens.
Vouloir courir, et ne le pouvoir, signifie in-
firmité.
Voir courir, dénote allégresse.
Avoir une couronne d'or sur la tête, signifie
procès ou tentation.
Avoir des couronnes au lieu de guirlandes, dé-
note dignité
Etre couronné avec des os de morts, signifie
la mort.
Etre créancier d'un autre, dénote malheur.
Appaiser qui crie, dénote emportement.
Voir des criminels, dénote que plusieurs per-
sonnes doivent mourir.

Voir des cuves remplies de vin, signifie bonheur.
— une cuvette d'eau, et ne pas se laver, signifie
la mort.

D.

Voir danser, dénote infirmité.
Dents qui font mal, qui tombent, signifient la
mort du père ou de la mère.
Dents qui tombent, dénotent la mort des enne-
mis
Parler à Dieu, signifie joie.
Sentir des douleurs au cœur, dénote maladie et
danger.
Voir un dragon, signifie gain.
Porter un drapeau, dénote l'honneur.

E.

Boire de l'eau chaude, signifie maladie.
Boire de l'eau puante, signifie maladie.
Voir l'eau au-dessus de soi, dénote du bien.
Tomber dans l'eau claire, signifie allégresse.
Sauter dans l'eau, dénote des persécutions.
Voir une cuvette d'eau, et ne pas se laver, signifie
la mort.
Tirer de l'eau, dénote économie.
Monter sur une échelle, dénote exaltation.
Avoir écriteau, signifie sûreté.
Lire des écritures, dénote bonne fortune.
Bâtir une église, signifie contentement.
Entrer dans une église, dénote faire le bien.

Se trouver à l'église, signifie joie.
Voir plusieurs enfans et parler avec eux, dénote préjudice.
Jouer avec son ennemi, dénote désavantage.
Parler avec son ennemi, dénote qu'il faut s'en garder.
Etre pris par son ennemi, signifie passe-tems et paresse.
Etre pris par ses ennemis, dénote empêchement.
Etre enveloppé dans un linceul, signifie la mort.
Etre enterré, dénote travail et mélancolie.
Prendre un épervier, signifie gain.
Descendre un escalier, dénote profit et allégresse.
Arriver à un escalier, dénote profit et allégresse.
Voir des étoiles tomber du ciel, signifie chûte de Princes.

F.

Voir une belle face, dénote honneur ou longue vie.
Voir un fantôme, signifie du mal.
Voir plusieurs fantômes, dénote un état malheureux.
Voir de la farine propre, signifie la mort de quelqu'un.
Voir brûler de la farine, dénote du dommage.
— Une femme, signifie infirmité.
— des femmes qui accouchent, dénote joie.
— plusieurs femmes, signifie mortification.

Voir une femme noire , signifie maladie.

— une femme blanche , dénote délivrance.

— Une femme nue , dénote la mort de quelqu'un.

Prendre une femme , signifie changement de lieu.

Voir un fer rouge , dénote effusion de sang.

Etre frappé d'un fer , signifie désavantage.

Voir du feu , dénote grand danger.

Voir le feu flamboyer , signifie dissipation de bien.

Voir un sentier, signifie aisance.

Etre jetté au feu , dénote colère.

Voir des filets , signifie de la pluie.

Décocher des flèches , dénote des dégoûts.

Voir des fleurs et en cueillir , signifie gain.

Aller à la fontaine , dénote allégresse.

Voir une fontaine claire , signifie abondance.

Etre fou , dénote du plaisir.

Voir des fourmis , signifie tentation.

— les frères et les sœurs , dénote avantage.

G.

Voir des gens armés , signifie fatigue.

— des gens armés contre soi , dénote chagrin.

— un gladiateur , signifie angoisses.

Se voir abandonné des grands , dénote allégresse.

Etre accosté par un grand , signifie honneurs.

Voir un grenier , signifie tentation.

Faire ou voir la guerre , signifie persécution.

Jouer de la guittare , signifie plaisir.

H.

Voir un habit, dénote misère.
Habiter avec des princes, signifie puissance.
Avoir une hallebarde, signifie fatigue.
Porter une hallebarde, dénote sécurité.
Manger des herbes, signifie pauvreté.
Se lever de bonne-heure et du matin, dénote
    gain.
Voir un homicide, signifie sûreté.
— un homme vêtu de blanc, dénote du bien.
— un homme vêtu de noir, signifie du mal.
— tuer un homme, dénote sûreté.
— des hommes armés contre soi, dénote cha-
    grin.
Se voir dans un hôpital, dénote misère.
Se trouver dans une hôtellerie, signifie repos.
Faire tirer son horoscope, dénote inquiétude.
Huile répandue à terre, dénote préjudice.
Huile répandue sur soi, signifie avantage.
Recueillir de l'huile, signifie du bien.
Chanter des hymnes, dénote infirmité.

I.

Cultiver un jardin et l'admirer, signifie du
    bien.
Se voir jeune, dénote félicité.
Voir un incendie, signifie péril.
Voir des infirmes, dénote tristesse.
Etre inhumé, signifie travail.

Avoir un jupon blanc, dénote du goût.
Avoir un jupon uni, signifie du mal.
Etre tourmenté de la justice, dénote amourette
   future.
Etreiv re, signifie folie.

L.

SE laver dans la mer, dénote honneur.
Voir une lampe, dénote éloignement des affaires.
Voir des lampes allumées, signifie passions et
   peines.
Manger du lard, dénote vaincre ses ennemis.
Apprendre les belles-lettres, signifie joie.
Boire de la lie de vin, signifie infirmité.
Voir lier, dénote embarras.
Etre enveloppé dans un linceul, signifie la mort.
Voir courir un lion, dénote être fou.
Etre couché dans le lit, signifie péril.
Voir un lit bien fait, dénote solidité.
Lire des livres, signifie trouver des choses nou-
   velles.
Voir un loup, dénote ne pouvoir pas parler.
Etre blessé par un loup, dénote tromperie des
   ennemis.
Voir une lumière dont la clarté est brillante,
   signifie bonne nouvelle.
Voir une quantité de lumières, dénote profit.
Voir la lune ordinaire, signifie éloignement des
   affaires.
Voir la lune blanche, dénote peine.
— la lune obscure, signifie passion et peine.

Voir la nouvelle lune, dénote expédition dans les affaires.

M.

SE laver les mains, dénote travail.
Se regarder les mains, signifie infirmité.
Voir brûler une maison, dénote scandale.
Voir établir une maison, signifie guerre.
— fabriquer une maison, dénote consolation.
Visiter des malades, signifie charité.
Remplir une malle, denote richesses.
Avoir les mammelles pleines de lait, signifie gain.
Manger, signifie être trompé.
Manger par terre, dénote emportement.
Mettre un manteau, signifie dignité.
Marcher en boitant, signifie paresse.
Marcher sur des pierres, signifie du mal.
Marcher de pied ferme, dénote science.
Faire un mariage, signifie tems heureux.
Etre marié, dénote danger.
Se marier avec sa sœur, signifie péril.
Se marier avec une vierge, dénote honneur.
Se marier avec sa femme, signifie gain.
Se laver dans la mer, signifie honneur.
Etre submergé dans la mer, dénote chagrin.
Voir la mer trouble, signifie du bien.
— la mer claire, dénote du mal.
— la mer transparente, signifie choses perdues.
Demeurer avec sa mère, dénote sécurité.
Parler avec sa mère, signifie bonne nouvelle.
Voir sa mère, dénote gain.

Voir sa mère morte , signifie du mal.
Aller à la messe , dénote allégresse.
Voir un meurtre, signifie sûreté.
Songer qu'on est moine , dénote infirmité.
Voir venir du monde à la maison , dénote des
    larmes,
Baiser un mort , dénote longue vie.
Donner quelque chose à un mort , signifie dom-
    mage.
Parler avec les morts , dénote longue vie.
Se sentir mouiller , signifie colère.
Avoir des moutons , dénote abondance.
Voir mourir , signifie qu'on est abandonné.
— une mule de bât , dénote accroissement d'af-
    faires.

N.

Se voir naître, signifie bonne fortune.
Voir naviguer , dénote empêchement de sa li-
    berté.
Ramasser de la neige , signifie procès.
Voir de la neige , dénote bonne nouvelle.
Perdre le nez , signifie fornication.
Trouver un nid d'oiseaux, dénote certainement du
    bien.
Se noyer dans une rivière, signifie gain.
Se sentir noyer, dénote du mal.
Faire des nôces, signifie dommage.
Courir nud, dénote être trompé de ses parens.
Se voir tout nud, signifie fatigue.
Trouver quelqu'un nud , dénote trouver quelque
    négoce à faire.
Voir des nuées , signifie discorde.

O.

Sentir de la mauvaise odeur, dénote douleur.
Etre barbouillé d'un œuf, signifie persécution des
     ennemis.
Voir des œufs blancs, dénote du bien.
— des œufs cassés, signifie du mal.
— des oies, dénote des honneurs faits par des princes
Devenir oiseau, signifie mutation de bien.
Prendre des oiseaux, dénote gain.
Tirer aux oiseaux, signifie que notre ennemi nous
     attaque.
Tuer des oiseaux, dénote dommage.
Voir des oiseaux se battre, signifie tentation.
— des oiseaux voler sur soi, dénote détriment.
Cueillir des olives, signifie gain.
Faire des onguens, dénote allégresse.
Manier de l'orge, signifie emportement.
Trouver de l'or, dénote du bien.
Manier de l'or, signifie joie.
Voir un ours qui nous attaque, signifie persécution
     des ennemis.

P.

Etre dans un palais, signifie aisance.
Voir des palmes, signifie gloire et honneur.
Voir pêcher à la ligne, signifie pauvreté.
Manger du pain, dénote longue vie.
Manger du pain blanc, signifie gain.
Manger du pain noir, dénote du mal.
Aller au palais, signifie inquiétude.
Fréquenter les palais, signifie détriment.
Recevoir une palme, dénote honneur.
Parler avec un philosophe, signifie tromperies.

Parler avec plusieurs personnes , dénote péril de
    mort.
Etre peint sur bois , signifie longue vie.
Voir son père , dénote allégresse.
— son père mort , signifie dommage.
Se laver les pieds. , dénote gourmandise.
Voir un pin portant beaucoup de pommes , si-
    gnifie honneur et richesse.
Avoir une pique , dénote guerre.
Mettre en pièces une pique , dénote sécurité.
Voir naître des poissons , signifie joie.
Manger des pommes , dénote colère et dédain.
Passer des ponts , signifie travail.
Passer un pont rouge , dénote peur.
Tomber d'un pont , signifie folie.
Voir une poule avec ses poussins , dénote gain.
Entendre chanter les poulets , signifie allégresse.
Avoir des poux , dénote honte et pauvreté.
Courir avec précipitation , signifie bonne fortune.
Offrir des présens , dénote recevoir du préjudice.
Recevoir quelque présent , signifie du bien pour
    la maison.
Se trouver en prison , signifie envie.
Terminer un procès , dénote la paix avec ses amis.

Q.

Voir une quantité de lumières , signifie profit.
Trouver quelqu'un nud , signifie trouver quelque
    négoce à faire.

R.

VOIR ou manger des racines , dénote discorde.
Se trouver rajeuni, signifie félicité.
Voir des réjouissances, dénote joie.
Marcher sur la rivière, dénote élévation.
Passer une riviere trouble, dénote travail.
Voir la riviere entrer dans la maison, signifie
    abondance.
Traverser une rivière, dénote sûreté.
Se reposer, signifie être persécuté.
Voir un Roi, dénote tromperies.
Cueillir des roses, signifie du bien.
Voir des roses, dénote allégresse.
Manger du rôti, signifie gain et sûreté.
Voir des roues, signifie infirmité.

S.

PERDRE son sang, dénote douleurs de tête et
    du corps.
Voir du sang qui sort du corps, signifie contes-
    tation.
Voir beaucoup de sang , dénote du bien.
Voir tuer un sanglier, signifie victoire sur ses
    ennemis.
Sauter dans l'eau , signifie des persécutions.
Avoir du sel, dénote sagesse.
Avoir une sépulture , signifie travail.
Tomber dans une sépulture , dénote un état mal-
    heureux.
Voir un sergent qui vient à soi , signifie des em-
    bûches.

Etre inquiété par un sergent, dénote accusation des ennemis.

Tuer un serpent, signifie séparation des ennemis.

Voir une syrène, dénote trahison.

Voir les frères et les sœurs, signifie avantage.

Voir le soleil aller contre la lune, dénote guerre.

Voir le soleil obscurci, signifie péril de seigneurie.

Voir du soufre, présage d'être empoisonné.

Avoir des souliers neufs, dénote profit.

Perdre ses souliers, signifie pauvreté.

Voir un sceptre, dénote du mal.

— plusieurs sceptres, signifie un état malheureux.

— une statue, dénote tristesse.

Manger des sucreries, dénote tromperie.

T.

Voir répandre du tabac, signifie déplaisir.

Mettre la table, signifie abondance.

Voir une table, dénote allégresse.

Avoir des taches à ses habits, signifie mélancolie.

Voir des taureaux, dénote du bien.

Entrer dans un Temple, signifie faire le bien.

Etre empêché par le mauvais temps, dénote qu'on nous tend des embûches.

Voir des ténèbres, signifie infirmité.

Etre mis en terre, signifie travail et mélancolie.

Faire son testament, dénote du mal.

Voir une tête, signifie être libre.

— une tête blanche, dénote joie.

— une tête tondue, signifie dommage et tromperie.

— une tête avec les cheveux longs, dénote dignité.
Avoir la tête coupée, signifie infirmité.
Avoir un agneau sur la tête, dénote bon augure.
Se sentir laver la tête, dénote dommage.
Se voir dans le tombeau, signifie péril.
Tomber, dénote déshonneur.
Avoir des torches ou flambeaux, signifie allégresse.
Avoir du tourment, dénote infirmité.
Se tranquilliser, dénote être persécuté.

V.

ENTRER dans un vaisseau, signifie voyage.
Monter sur un petit vaisseau, dénote infirmité.
Voir un vaisseau avec une fontaine, signifie travail.
Voir un vaisseau à la voile, dénote bon message.
Porter une valise, signifie avantage.
Faire du vent, signifie angoisses.
Voir une veste, dénote misère.
Etre vêtu de différentes couleurs, dénote chagrin.
Avoir de la viande, signifie allégresse.
Avoir du vin, dénote effusion de sang.
Boire sans vin, signifie infirmité.
Boire du vin blanc, dénote plaisir et satisfaction.
Recevoir une visite du médecin, signifie gain.
Faire voyage, signifie travail.
Faire voyage portant l'épée, dénote prendre
     femme.
Urine bue, signifie santé recouvrée.

F I N.

1. Le Soleil.

2. Escouade du Guet pour la nuit.

3. Tonneaux de vin dans la cave.

4. Etoiles et Comètes.

5. Fosse des Morts.

6. La Lune

7. Un Chien et un Ours.

8. Une paire de Ciseaux.

9. Le Chef d'Office.

10. Un Chapeau et les boulets.

11. La Souricière.

12. Le Chapelier.

13. Un Chandelier et la chandelle allumée.

15. Le Moulin à vent.

16. Le Peintre qui peint.

17. La Paix.

18. Un Porteur et le
Joueur de guittarre.

19. Paysan qui fend
du bois.

20. Boulanger qui
enfourne le pain.

21. Le Barbier.

22. Gagne-petit.

23. Le Tisserand.

24. Escouade du Guet
pour le jour.

25. Le Fermier ou le
Paysan avec ses bœufs.

26. La Bohémienne qui
tire l'Horoscope.

27. Collretier ou faiseur
de valises.

28. Le Tailleur
d'habits.

29 Un Champ de
bataille et assaut.

3o. Le Maçon.

31. Le Farinier ou.
Marchand de farine.

32. Le Soldat en
sentinelle.

33. La Moinesse
et un Valet.

34. Le Charron.

35. L'Orfévre travaille
dans son attelier.

36. L'Apothicaire
dans sa boutique.

37. Le Savetier.

38. Porte-Enseigne.

39. La Justice, et le
Criminel pendu.

40. L'Hôtellerie, ou
le Cabaret.

41. Le Pêcheur
à la ligne.

42. Le M.ᵈ de Tabac
dans sa boutique.

43. Dames au balcon.

44. Vendeur de
châtaignes.

45. Blanchisseuse qui
lave du linge.

46. Charriot avec des
cuves de vin.

47. Une Tour.

48. Gladiateurs qui
se battent.

49. La Maquerelle et l'Amoureuse.

50. Une Anguille dans l'eau.

51. Le Cocher et le Carrosse.

52. Le Jardinier et le Jardin.

53. Une Galère ou Vaisseau.

54. Plusieurs Bœufs qui dorment.

55. Deux Vipères ou deux Serpens.

56. Un Taureau en furie.

57. Le Berger et ses Moutons.

58. Le Vendeur de Fruits.

59. Trois Vases de Fleurs.

60. Un Cerf qui fuit.

61. Un Chasseur qui tire.

62. Un Imprimeur en Estampes.

63. Deux Epoux qui se donnent la main.

64. Un Palmier et un Olivier.

65. Un Chien et un
Chat.

66. Une Maison neuve
de paysan.

67. Le Puits et la femme
qui tire de l'eau.

68. Un Pont et du
monde passant dessus.

69. Un Sanglier dans
un bois.

70. Le Palais National.

71. Un Ferrailleur.

72. Deux hommes qui
jouent à la boule

73. Salle d'Hôpital
avec ses lits.

74. Une Grotte.

75. Un Suisse et
un Pélerin.

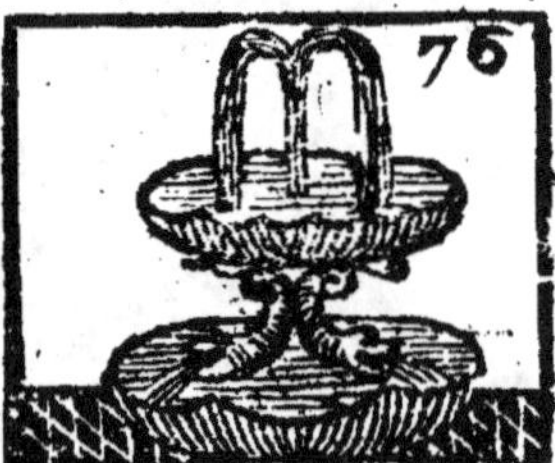

76. Une Fontaine
qui jette de l'eau.

77. La Femelle du
bufle.

78. Un Vendeur de
tisane.

79. Le Serrurier.

80. Le Postillon et le
Courier.

81. Deux hommes qui
jouent aux cartes.

82. Un M^d d'huile et
des cruches à l'huile.

83. Pommes de Pins
et Arbre de Pins.

84. Une Eglise avec
son clocher.

85. Le Marchand de
Cuillers à pot.

86. Le Vigneron qui
taille la vigne.

87. Le Tabletier dans
sa boutique.

88. Le Pâtissier qui
met au four.

89. L'Envie. 90. La Fortune que
je vous souhaite.

TABLE
DES MATIÈRES.

Fin de la Table.

TIRAGES
DE LA LOTERIE
DE
L'ÉCOLE MILITAIRE,

Depuis son Etablissement en 1758, jusqu'au mois de Décembre 1775.

année 1758.						année 1760.					
avril	83	4	51	27	5	janvier	17	59	41	75	37
mai	.	.	.	.	.	février	39	30	64	28	56
juin	45	87	50	47	6	mars	83	31	64	27	65
juillet	.	.	.	.	.	avril	7	23	12	57	83
août	15	38	54	11	29	mai	63	49	85	36	83
septem.	.	.	.	.	.	juin	71	53	30	35	64
octobre	37	19	50	88	10	juillet	68	41	88	56	11
novemb.	31	71	81	50	27	août	46	77	49	88	50
décemb.	.	.	.	.	.	septemb	62	89	28	30	38
						octobre	57	32	26	84	38
						novemb.	6	20	38	52	57
						décemb.	80	68	77	57	11

année 1759.						année 1761.					
janvier	53	10	84	22	45	janvier	3	46	16	69	44
février	84	16	87	37	1	février	50	42	71	33	66
mars	.	.	.	.	.	mars	53	7	76	70	30
avril	90	39	44	89	45	avril	14	42	7	1	21
mai	15	5	21	6	8	mai	21	36	63	39	9
juin	36	31	57	4	52	juin	51	89	17	34	4
juillet	22	8	68	70	6	juillet	59	5	45	44	89
août	67	29	16	32	85	août	64	11	70	53	65
septemb	.	.	.	.	.	septemb	31	76	70	2	33
octobre	9	35	88	38	16	octobre	76	46	64	21	82
novemb.	36	72	38	43	3	novemb.	4	30	70	6	11
décemb.	80	78	87	1	9	décemb.	81	30	24	16	83

année 1762.

janvier	11	45	3	90	82
février	36	45	42	83	90
mars	3	19	9	53	8
avril	40	19	58	55	38
mai	27	76	59	17	75
juin	37	67	35	74	57
juillet	53	38	6	26	32
août	54	80	15	65	62
septemb	31	38	37	61	74
octobre	12	25	38	14	10
novemb.	31	87	54	20	53
décemb.	71	8	41	64	35

année 1763.

janvier	69	89	66	82	20
février	19	30	3	42	18
mars	79	43	22	82	44
avril	86	61	2	14	7
mai	19	34	7	59	56
juin	40	65	43	15	55
juillet	64	4	26	55	22
août	9	64	22	51	28
septemb	25	75	17	38	82
octobre	33	14	54	30	8
novemb.	27	25	58	67	48
décemb.	2	39	36	6	90

année 1764.

janvier	84	87	82	86	23
février	37	87	73	64	27
mars	48	5	80	46	86
avril	62	2	59	54	55
mai	68	70	29	28	37
juin	53	90	48	73	65

Suite de l'année 1764.

juillet	7	64	46	48	79
aoust	70	21	35	77	23
septemb.	61	41	12	84	52
octobre	21	79	7	60	53
novemb.	35	78	7	66	3
décemb.	30	74	89	88	14

année 1765.

janvier	42	75	25	63	36
février	17	65	45	69	42
mars	56	1	21	6	86
avril	37	11	19	13	81
mai	42	86	11	17	64
juin	54	15	3	51	85
juillet	24	87	77	88	17
aoust	10	29	66	17	76
septem.	44	88	45	16	51
octobre	36	51	35	37	62
novemb.	53	79	18	6	12
décemb.	20	62	73	26	80

année 1766.

janvier	55	30	59	36	86
février	60	35	27	71	65
mars	79	63	86	83	55
avril	24	60	42	52	20
mai	70	80	56	6	18
juin	32	41	28	17	21
juillet	44	59	21	38	55
aoust	57	62	82	34	39
septem.	15	1	84	56	20
octobre	71	34	65	13	60
novemb.	13	35	48	29	71
décemb.	73	23	26	58	85

année 1767.

janvier	14	53	10	58	89
février	37	17	8	52	20
mars	59	12	4	48	82
avril	63	62	25	3	42
mai	90	70	42	47	66
juin	3	51	74	43	20
juillet	45	4	64	79	31
aoust	58	59	16	83	82
septem.	81	73	77	54	70
octobre	25	64	83	27	62
novemb.	44	58	35	43	81
décemb.	40	85	16	15	83

année 1768.

janvier	47	59	76	48	88
février	76	60	86	72	35
mars	86	23	22	58	54
avril	43	54	30	73	22
mai	17	73	41	11	67
juin	75	14	7	32	31
juillet	49	44	69	27	3
aoust	48	53	43	20	78
septem.	17	11	50	38	71
octobre	9	84	80	74	85
novemb.	39	78	1	71	44
décemb.	80	72	81	44	20

année 1769.

janvier	86	83	72	55	35
février	16	34	24	20	33
mars	83	43	80	42	25
avril	61	22	80	76	85
mai	88	58	28	43	62
juin	38	37	57	54	80

Suite de l'année 1769.

juillet	30	10	58	76	68
aoust	18	1	50	47	24
septem.	35	80	89	16	39
octobre	86	50	21	49	89
novemb.	78	52	54	59	9
décemb.	64	29	32	8	26

année 1770.

janvier	86	17	19	73	40
février	33	39	18	5	53
mars	22	82	1	3	62
avril	42	17	62	21	13
mai	36	43	41	2	28
juin	77	20	79	18	27
juillet	67	81	30	82	79
aoust	75	69	64	76	66
septemb.	8	9	1	30	3
octobre	79	73	41	67	24
novemb.	14	63	31	18	78
décemb.	29	70	22	56	64

année 1771.

janvier	73	25	36	66	68
février	69	45	78	30	44
mars	27	31	83	7	48
avril	75	30	62	6	10
mai	70	59	32	6	81
juin	64	78	69	22	85
juillet	56	21	63	27	53
aoust	72	61	26	53	33
septem.	89	32	5	34	26
octobre	4	41	70	81	28
novemb.	51	40	86	62	68
décemb.	47	16	90	39	44

année 1772.

janvier	32	29	34	90	21
février	67	46	52	53	30
mars	77	54	40	72	23
avril	5	69	29	71	26
mai	63	74	58	2	24
juin	21	62	79	44	19
juillet	3	30	37	27	75
aoust	74	78	61	56	5
septem.	2	74	51	38	61
octobre	47	59	57	38	15
novemb.	37	18	45	48	77
décemb.	59	30	50	52	60

année 1773.

janvier	50	36	44	57	61
février	61	80	52	15	71
mars	70	2	22	52	3
avril	57	83	11	64	38
mai	40	11	23	84	28
juin	33	32	70	83	40
juillet	49	60	15	17	75
aoust	74	7	41	22	19
septem.	47	85	34	82	55
octobre	72	5	51	32	3
novemb.	25	90	38	14	87
décemb.	86	42	16	73	22

année 1774.

janvier	82	23	40	15	84
février	69	83	48	6	89
mars	73	85	9	33	68
avril	40	24	78	6	53

Suite de l'année 1774.

mai	78	33	72	34	45
juin	57	36	2	6	51
juillet	62	73	27	54	15
aoust	71	39	52	3	2
septem.	74	7	78	39	16
octobre	11	31	66	26	59
novemb.	87	71	35	72	3
décemb.	38	65	8	11	82

année 1775.

janvier	50	17	87	42	18
février	80	5	11	28	35
mars	66	9	7	78	22
avril	32	71	83	64	85
mai	15	4	12	37	39
juin	51	57	79	84	80
juillet	57	38	32	31	13
aoust	81	30	63	61	55
septem.	35	5	54	81	74
octobre	29	22	76	77	81
novemb.	9	28	11	32	5
décemb.	36	17	50	39	49

Nota. *Les autres tirages des années suivantes se trouvent à la page 74 et suivantes ; et les tirages de Bruxelles, Lyon, Strasbourg et Bordeaux se trouvent après la page 116.*

9 782329 608822